WINNING ACTION
이기는 행동력

KB194955

셀프헬프
self·help
시리즈

"나다움을 찾아가는 힘"
사람은 매 순간 달라진다. 1분이 지나면 1분의 변화가, 1시간이 지나면 1시간의 변화가 쌓이는 게 사람이다. 보고 듣고 냄새 맡고 말하고 만지고 느끼면서 사람의 몸과 마음은 수시로 변한다. 오늘의 나는 어제의 나와는 전혀 다른 사람이다. 셀프헬프self·help 시리즈를 통해 매 순간 새로워지는 나 자신을 발견하길 바란다.

이기는 행동력

열심히를 뛰어넘는 38가지 승리공식

초판 1쇄 발행 2024년 10월 15일

지은이. 이수연
펴낸이. 김태영

씽크스마트 책 짓는 집
경기도 고양시 덕양구 청초로66
덕은리버워크 지식산업센터 B-1403호
전화. 02-323-5609

홈페이지. www.tsbook.co.kr
블로그. blog.naver.com/ts0651
페이스북. @official.thinksmart
인스타그램. @thinksmart.official
이메일. thinksmart@kakao.com

ISBN 978-89-6529-062-9 (03320)
© 2024 이수연

* **씽크스마트** 더 큰 생각으로 통하는 길
'더 큰 생각으로 통하는 길' 위에서 삶의 지혜를 모아 '인문교양, 자기계발, 자녀교육, 어린이 교양·학습, 정치사회, 취미생활' 등 다양한 분야의 도서를 출간합니다. 바람직한 교육관을 세우고 나다움의 힘을 기르며, 세상에서 소외된 부분을 바라봅니다. 첫 원고부터 책의 완성까지 늘 시대를 읽는 기획으로 책을 만들어, 넓고 깊은 생각으로 세상을 살아갈 수 있는 힘을 드리고자 합니다.

* **도서출판 큐** 더 쓸모 있는 책을 만나다
도서출판 큐는 울퉁불퉁한 현실에서 만나는 다양한 질문과 고민에 답하고자 만든 실용교양 임프린트입니다. 새로운 작가와 독자를 개척하며, 변화하는 세상 속에서 책의 쓸모를 키워갑니다. 흥겹게 춤추듯 시대의 변화에 맞는 '더 쓸모 있는 책'을 만들겠습니다.

자신만의 생각이나 이야기를 펼치고 싶은 당신.
책으로 사람들에게 전하고 싶은 아이디어나 원고를 메일(thinksmart@kakao.com)로 보내주세요.
씽크스마트는 당신의 소중한 원고를 기다리고 있습니다.

열심히를 뛰어넘는 38가지 승리공식

WINNING ACTION
이기는
행동력

이수연 지음

결국 이기는 사람이 되는 책

변화와 성장을 꿈꾸는 비즈니스맨에게 강력한 동기부여와 실천적 지침이 필요하다면 이수연 작가의 〈이기는 행동력〉은 도전과 실패를 성공의 밑거름으로 삼아 결국 이기는 사람이 되는 방법을 알려주며, 큰 영감을 줄 것입니다. 출간을 축하드리며, 이 책을 통해 더 많은 사람들이 성공으로 나아가는 행동을 성취하기를 바랍니다.

인카금융서비스㈜ 대표 **심두섭**

이수연 본부장님의 신간, 〈이기는 행동력〉은 비즈니스 세계에서 성공을 꿈꾸는 모든 이에게 꼭 필요한 지침서입니다. 법인영업의 달인으로서, 그리고 수많은 팀원들을 이끌어 온 경험을 바탕으로 우리가 왜, 어떻게, 언제까지 노력해야 하는지를 깊이 있게 탐구하며 실제로 적용할 수 있는 전략을 제시합니다.

1부 '왜 하는가?'에서는 비즈니스를 하나의 게임으로 보고, 승리를 위해 어떤 마인드셋이 필요한지에 대해 이야기합니다. 작가는 절실함이야말로 가장 강력한 무기임을 강조하며, 자기 자신을 먼저 믿고 최선의 선택을 하도록 독려합니다. 이는 비즈니스뿐 아니라 삶의 모든 영역에서도 중요한 깨달음을 제공합니다.

2부 '어떻게 하는가?'에서는 실천적인 지혜와 행동의 중요성을 다룹니다. 작가는 "문제가 생겼을 때는 핵심을 파악하라", "동료이자 라이벌로 대하라" 등 다소 도전적인 조언을 아끼지 않습니다. 이런 지침들은 단순히 행동하라는 메시지에 그치지 않고, 상황에 맞는 전략적 사고와 구체적인 실행 방법을 제시합니다. 이를 통해 독자들은 어떤 상황에서도 당당하게 소통하고, 더 나은 결과를 만들어낼 수 있는 방법을 배울 수 있습니다.

3부 '언제까지 하는가?'에서는 성공을 유지하고 더욱 발전하기 위한 지속적인 노력이 필요함을 강조합니다. 여기서 이수연 본부장님은 평범한 일을 비범하게 해내는 방법부터, 자신의 매력을 극대화하여 브랜드화하는 전략, 그리고 시간이라는 무기를 활용하는 지혜까지 다양한 주제를 다룹니다. 끊임없는 자기 계발과 도전 정신을 유지하는 것이야말로, 성공을 사로잡는 비결임을 일깨워 줍니다.

이 책은 본부장님의 풍부한 경험과 열정이 고스란히 담겨 있어, 읽는 이들에게 깊은 공감과 도전을 주는 동시에, 강력한 실천 동기를 부여합니다. 진취적이고 목표지향적인 이수연 본부장님의 통찰은 단순히 성공적인 비즈니스맨이 되고자 하는 사람들뿐만 아니라, 개인의 성장을 꿈꾸는 모든 이에게도 커다란 영감을 줄 것입니다.

비즈니스의 승리를 꿈꾸는 이들이라면, 〈이기는 행동력〉을 통해 작가 이수연 본부장님이 제시하는 길을 따라가 보기를 강력히 추천합니다. 이 책은 당신이 끝까지 포기하지 않고, 결국 '이기는 사람'이 되는 여정에 든든한 동반자가 되어 줄 것입니다.

제이어스총괄 대표 **신경열**

이겨놓고
싸우는 법

비즈니스는 '게임'이다. 게임의 목적은 '이기는 것'이다. 이긴다는 것은 무슨 뜻일까? 권력을 갖는 것일까? 아니면 통장에 돈을 가득 쌓아두는 것일까? 개개인이 생각하는 승리는 다 다르겠지만 중요한 건 '이기는 것'이 무엇인지 스스로 알아야 한다. 모든 게임의 목적은 이기는 것이기 때문이다.

목적을 달성하려면 바로 게임에 몰입하는 것이 가장 중요하다. 즉, 게임에 몰입하는 태도가 목표 달성의 기초이자 동력이라 할 수 있다. 몰입하지 않으면 아무것도 이룰 수 없다.

어떻게 몰입하는가?

마흔 즈음 파트너의 배신으로 억울하게 사업실패를 했고, 수억의 빚더미에 올랐다. 전 재산을 탕진하고 신용불량 직전을 경험했고, 이혼도 했다. 하나뿐인 딸은 중학교에 입학하고 학교생활 적응을 못해 그만두고, 세상과 단절된 삶을 살기 시작했다.

죽고 싶었다. 매월 말일이 되면 대출금과 이자를 내야하는데, 기일을 지키지 못해 독촉 전화를 받는 것이 일상이었다. 신용카드 연체는 빈번하게 생겼다. 저장되지 않은 낯선 번호로 전화가 올 때마다 숨이 막히기도 했다. 딸이 먹고 싶다는 것을 사주지 못하기도 했고, 먹고 살아야 해서 생전 해보지 않았던 일들도 해야 했다.

딸과 나 우리 둘 다 극심한 우울증과 무기력증을 앓았다. 하루하루를 살아내는 것이 도저히 엄두가 나지 않아 차라리 죽는 것이 제일 빠른 해결책이 될 수 있겠다고 생각했던 시절이 있었다. 혼자였다면 나쁜 선택을 했을지도 모르겠으나, 딸이 있어 살게 되었다. 빨리 돈을 벌어야 했기에 부득이 전업을 선택할 수밖에 없었고, 다시 사업을 시작하기엔 현실적으로 한계가 있었으므로 내 몸 하나로 시작할 수 있는 영업을 선택했다.

그러나 계획했던 것처럼 처음 하는 영업은 잘 되지 않았고, '포기해야 할까?' 고민도 했었다. 하지만 목표했던 시간이 있었기 때문에 그때까지는 다른 생각하지 말고 최선을 다해보기로 했다. 그래도 결과가 나오지 않는다면 그때에는 미련 없이 포기하기로 결심했다. 다행스럽게도 그렇게 목표를 향해서 가다 보니 결과로 과정을 입증하는 날도 오게 되었다.

목표를 이루기 위해 죽기 직전까지 힘을 쏟아냈다. 고객을 발굴하기 위해 무작정 찾아갔던 기업에서 잡상인 취급도 당해보았고, 낮과 밤 구분 없이 시간이 날 때마다 기업을 분석하기 위한 공부와 자료를 정리했다. 주말에는 최장 15시간씩 앉아 있기도 하였다. 한 번도 해보지 않은 TM(텔레마케팅)을 하기 위해 틈만 나면 혼자서 중얼중얼 미친 사람처럼 연습하였고, 하루 평균 2-3백 ㎞씩, 한 달 평균 5-6천 ㎞를 운전하며 2년 동안 무려 13만 ㎞를 넘게 전국을 돌아다녔다.

이제는 평균 연봉 3억 이상이 되었고 먹고 살만해졌다. 그래서 가장 좋은 점은 하나뿐인 딸이 먹고 싶은 것을 사 줄 수 있고, 하고 싶은 것을 하게 해 줄 수 있다는 점이다.

무엇보다 사업에서도 실패하고 이혼도 한 딸을 걱정하시는 부모님께 더 이상 걱정을 끼치지 않게 되었다는 것이 가장 감사하다.

현재는 비즈니스컨설팅 회사인 와이즈세일즈 대표를 하고 있으며, 코스닥 상장법인 인카금융서비스(주)에 위촉하여 본부장으로 재직 중이다. 기업고객을 대상으로 하는 법인영업을 시작 한지는 만 3년 횟수로는 4년차 이다. 그리 길지 않은 시간인 2년 만에 위촉 인원이 1만명 정도 되는 GA(보험대리점) 연도대상에서 실적우수부문과 리쿠르팅부문에서 수상을 하며 2관왕을 하게 되었다.

요즘 성공을 말하는 사람들이 많다. 사회적으로 지위가 높아지고, 명성이 높아지는 성공도 있겠지만, 대부분 성공이란 경제적인 성공이다. 그러기에 더 많은 사람들이 성공에 대한 갈망이 있으며, 자기계발에 투자도 하고, 동기부여를 찾아 헤맨다. 다만 안타깝게도 생각하는 데에 시간을 많이 허비하느라, 생각을 행동으로 실천하기까지가 무척 느리다.

입사 미팅을 하면서 만난 사람들 또는 현재 영업이 잘 되지 않아서 고민인 사람들을 만나보면 매우 간절하다고 말한다. 하지만 진정 간절한 것이 맞는지 의구심이 들 때가 많다. 간절하다는 사전적 정의는 "마음속에서 우러나와 바라는 정도가 매우 절실하다"고 되어 있다. 그런데 실행에 옮기지를 않는다.

이기는 영업자를 위한 책

영업은 흔히들 자유로운 직업이라고 말한다. 그렇지 않다. 영업이야말로 하루 24시간을 타임테이블을 정하여 치열하게 살아야만 성공할 수 있다. 비가 오면 비가 와서 하루 쉬고, 감기 기운이 있는 것 같아서 하루 쉬고, 더우면 활동하기 힘들어서 하루 쉬고, 날이 좋으면 좋은데로 여행이라도 가야 해서 쉬고, 새벽까지 무언가를 하느라 늦게 잠들어 피곤해서 쉬고, 도대체 뭐 하자는 것인가? 이런 마음가짐이라면 간절한 것이 맞는가?

영업인에게는 평일과 공휴일의 구분도 없다. 고객이 아침 7시에 만나자고 하면 가야 하는 것이 영업인이다. 먼저 가본 유경험자인 내가 직접 길 안내를 해주어도, 스스로 걸어가지 않으면 어떻게 도와줄 수 있단 말인가? 안타까울 때가 많은 것이 현실이다. 무엇인가를 간절히 원한다면, 그 간절함의 의미부터 되새겨 볼 필요가 있다.

흔히 영업의 전선에 뛰어드는 사람들 가운데 사연 없는 사람은 없다고 한다. 꼭 사연이 있을 필요는 없겠지만, 성공해야 하는 이유나 동기부여가 분명하다면, 아무래도 성공에 조금 더 빨리 다가갈 수 있다. 특히 영업은 경력단절을 경험해봤던 여성에게 오히려 더 유리할 수도 있다. 육아와 살림을 하며, 정시에 출퇴근 하는 워킹맘의 삶이란 살아보지 않은 사람은 절대 모른다. 시간 관리와 자기관리를 철저히 하는 습관을 들인다면, 시간의 유연성과 소득 측면에서 영업이야말로 여성에게 '굿 잡'이다.

자본금 한 푼을 들이지 않고 내 몸 하나로 성공해 낼 수 있는 일은 영업 말고는 없다. 돈이 있어야 행복하다고 말할 수는 없겠지만, 돈이 없으면 불행해 질 수 있는 것은 직접 경험하여 매우 잘 알고 있다.

나는 이 책에서 지난 몇 년 간 체득한 영업 노하우를 전부 나누고자 한다. 영업을 선택했다면 지켜나가야 할 규칙, 영업을 잘하기 위해서 해야 할 준비, 영업에서 살아남기 위한 생존 방법, 영업의 달인이 되기 위한 점검 방법, 영업의 고수가 되기 위한 소통의 기술, 영업에서 실패하지 않는 방법이다.

이 책을 통해 새로운 길을 가려고 하는 사람들에게, 혹은 현재 영업을 하는 사람들에게, 또는 지금 지쳐있는 사람들에게 위로가 되길 바란다.

CONTENTS

3부. 언제까지 하는가? - 성공을 사로잡는 법

1부
왜 하는가?

죽을 만큼 절실한 영혼

비즈니스는 게임이다 최선의
선택을 하라 절실함으로 결실
을 맺어라 스스로 날카롭게 평
가하라 나를 먼저 믿어라 고수
의 비결을 새겨라 명확한 목표
를 세우라 찾아야 열린다, 찾아
라 확신의 3가지 힘을 가져라 더
노력하라 영혼까지 다 바쳐라

비즈니스는
게임이다

나는 비즈니스가 게임이라고 생각한다. 나만의 전략을 갖고 승부를 펼치는 게임. 그렇다면 게임의 목적은 무엇일까? 무조건 이기는 것일까? 그렇다면 이긴다는 것은 무엇일까? 엄청난 권력을 갖는 것일까? 아니면 통장에 돈을 가득 쌓아두는 것일까? 개인의 목적은 사람마다 다르겠지만, 게임의 목적을 달성하려면 바로 게임에 몰입하는 것이 가장 중요하다. 즉, 게임에 몰입하는 태도가 목표 달성의 기초이자 동력이라 할 수 있다. 몰입하지 않으면 아무것도 이룰 수 없다는 의미이다.

게임에 몰입하려면 우선 하는 일에 애착을 가져야 한다. 지금 하는 일이 좋아서 애착을 가지든지, 아니면 좋지 않더라도 이기기 위해서는 애착을 가져야 한다. 여기서 애착이란? 내가 하는 일에 대한 관심과 애정이다. 내가 하는 일이 정확히 무엇인지, 어떤 일을 하는 것인지 조차 모르고 시작한다면 어떻게 게임에서 이길 수가 있겠는가?

핸드폰, 화장품, 자동차와 같은 유형의 상품을 판매하고자 한다면 상품이 눈에 보이니 숙지가 조금 덜 되었다고 하더라도 나을 수 있다. 그런데 보험, 컨설팅과 같은 무형의 상품을 판매 해야 하는 세일즈라면 상품이 필요한 이유와 니즈를 더욱더 정확히 설명할 수 있어야 한다. 나는 현재 기업고객을 대상으로 하는 법인영업을 하고 있다. 법인영업 또한 단일 컨설팅이 아닌 다양한 분야가 있다. 그 중에서도 가업승계를 위한 자산 이전 즉, 상속 및 증여와 절세에 니즈가 있는 고객을 대상으로 컨설팅을 한다.

입사 미팅에서 또는 외부강의에서 만나는 사람들에게 종종 질문한다. 어떤 영업을 하고 계세요? 어떤 일을 하고 계세요? 그럼 다수가 바로 대답을 못 하는 경우가 많았다. 그리고 가장 많이 들었던 대답은 "웬만한 거 다해요"였다. 웬만하다의 기준이 무엇인가? 내가 하는 업무나 일을 제대로 설명할 수 없다면 결국 내가 하는 일에 대해서 자신이 없거나 또는 하긴 하지만 잘 모르는 것과 다름없다.

일전에 학습지 방문교사 대상으로 영업특강을 했다. 강

의 도중 맨 앞에 있는 교육생에게 "선생님 지금 무슨 일 하세요?"라고 질문했다. 그 때 그 교육생은 "이 강사는 여기가 뭐 하는 곳인지도 모르고 왔나?"라는 표정을 지었다. 그래서 다시 질문하자 이러한 답변을 하였다. "여기 학습지회사 인거 모르고 오셨어요? 학습지 교사 하잖아요 저희들"그걸 내가 모를 리가 있겠는가? 내가 원하는 대답은 그것이 아니었다.

그날 특강에는 학습지 중에서도 미술과 관련된 방문교사들이 모여 있었다. 내가 그 질문을 한 이유는 학습지 교사라고 두루뭉술하게 말하면 대부분은 수학이나 영어 혹은 논술 정도 보통 생각하기 때문이다. 학습지 교사라고 했을 때 단번에 미술 학습지 교사 하세요? 라고 먼저 알아줄 사람이 거의 없다는 말이다. 더 나아가 '아이들의 시각적 표현력과 창의성을 높이는 미술 학습지 교사입니다.' 하며 내가 하는 일이 정확히 무엇인지 전달했을 때 가망고객을 확보 할 수 있게 되고, 소개도 받을 수 있게 된다.

물론 일을 시작한 지 얼마 되지 않았다면 업무를 알아가는 과정이 필요하기 때문에 자신이 하는 일에 대해 정확히 파악하기 어려울 수 있다. 하지만 일을 시작한 지 어느 정도의 시간이 흘렀어도 그저 수박 겉핥기식이나 또는 흉내내기에 불과한 태도로 일하는 경우가 많다. 결국 그러한 사람들은 도태되고 만다.

비즈니스라는 게임에서 결국 이기는 승자는, 현재 일에 애착을 가지고 밀도 있게 몰입하는 사람이다. 밀도란 영업에서 숫자와 비례하지 않는다. 경력 10년 된 사람이 경력 2년 된 사람보다 무조건 잘하지 않으며, 경력 2년 된 사람이 경력 10년 된 사람보다 무조건 못하지 않는다. 무엇보다도 애착을 가지고 본인의 일에 임하는 사람은 시간이 지나면 지날수록 더 잘하게 되고 연륜이 생긴다. 그것은 돈을 주고도 살 수 없는 엄청난 내공이며 값진 경험인 것이다.

나는 영업에서 고작 3년 남짓 일했다. 절대적 숫자로만 본다면 한참 부족한 경력일 수 있다. 하지만 다른 사람들보다 빨리 성공하기 위해 지난 3년간 내가 목표 하는 일 외에 다른 일에 눈을 돌린 적이 없고, 편히 쉬지도, 편히 놀아본 적도 없다. 누구에게나 공평하게 주어진 하루 24시간의 시간을 나 혼자 마치 48시간인 것처럼 쪼개어 치열하게 보냈다.

특히 리더로 올라갈수록 하는 일에 애착을 가지고 몰입해야 한다. 중요한 직책에 있거나, 흔히 말해 높은 자리에 있는 사람 중에서도 부정적인 사람이 있다. 하지만 일에 애착이 있는 사람 중에 본인의 일을 부정적으로 바라보거나 말하는 사람은 없다. 본인이 하는 일에 애착 없이 리더의 자리로 올라간다면 하는 일을 돈벌이의 수단으로만 여길 가능성이 크며, 그와 함께 일하는 사람들은 일에 흥미를 잃고 불행해지기 쉽다.

리더가 될수록 반드시 애착을 가지고 하는 일에 임하자. "나는 무슨 일을 하는가?" "그 일의 속성은 무엇인가?"에 대해 뚜렷하고 분명하게 답할 수 있어야 한다. 그래야 자신이 하는 일의 본질을 파악하면서, 일에 효율적으로 몰입할 수 있다.

여기서 한 가지 아쉬운 점은 리더의 자리로 올라갈수록 여자보다 남자가 훨씬 더 많다는 것이다. 조금 더 자세히 이야기를 해보자. 요리를 하는 사람은 여자가 더 많은데, 알려진 요리사나 쉐프는 남자가 더 많다. 대기업을 보더라도 평직원의 성비는 크게 차이 없는데 임원이나, 중요 직책으로 올라가는 비율은 여자보다 남자가 더 많다. 세일즈도 마찬가지다. 중요 직책이나 리더의 자리로 올라갈수록 여자보다 남자가 더 많다. 그렇다면 왜 그럴까? 여자가 남자보다 일을 못하기 때문일까? 그렇지 않다.

보편적으로 남자가 여자보다 더 목표 지향적이기 때문이다. 단편적으로 나의 수입에 대한 목표를 세웠다고 가정해보자. 남자들은 수입을 극대화하기 위해 몰입하고, 하기 싫은 일도 감수하고 뛰어든다. 반면에 여자는 무조건적인 몰입을 시작하기보다, 적성에는 맞는지 성향에 맞겠는지 등을 먼저 고려한다. 그리고 여자가 남자보다 더 감성적이기 때문에 사람과의 관계에서 문제가 생겼을 때 무너지는 것을 많이 본다.

그래서 목표지향적인 남자가 여자보다 더 본인이 하는 일에 애착을 갖는 것 같다. 그렇다고 여자는 애착을 갖지 않는 다는 말은 아니다. 여자들은 성공은 별개의 결과물이 라고 생각하는 경향이 있다. 달리 말하면, 여자들은 그 일을 하면 성공할 가능성이 보인다고 해도, 흥미롭지 않거나 또는 즐거움을 적게 느낀다면, 애착을 덜 갖는다. 이것은 이성보다는 감성에 더 기인하는 행동 유형이라고 볼 수 있다. 그럼 왜 그럴까? 여성이 자기 자신을 먼저 사랑하고, 자기 자신을 위해 먼저 무엇을 한다는 것이 덜 용납되는 사회의 분위기를 배제하지 않을 수 없다. 여성은 자기 삶의 중심이 되기보다는 주변을 도와주는 조력자의 역할을 더 많이 해왔다. 보편적인 우리들의 어머니를 떠올렸을 때 주도적이고 진취적인 어머니보다, 본인을 희생하여 가족을 위해 헌신하며 살아오신 어머니들이 더 많다는 것을 보면 알 수 있다.

비즈니스 게임에서 이기기 위해서는 여자도 남자보다 더 자신의 일에 애착을 가지고, 목표 지향적으로 나아가야 한다. 나는 현재 성인이 된 이후 경력단절 한 번 없이 평생 일을 해오고 있고, 워킹맘으로 살아왔다. 육아도 살림도 해내고 있는 여자라면, 이 세상 무엇도 못 할 일이 없다.

의지가 강하고, 열정적이며 두 가지 일을 실행할 만큼 근면하다는 의미이기 때문이다. 그리고 지금 워킹맘이라면 육아와 살림도 중요하겠지만, 그동안 쌓아온 나의 커리어와 맞바꾸고 경력단절을 경험하지 않았으면 한다. 궁극적으로는 남자든 여자든, 본인에게 맡겨진 일에 대해 관심과 애정을 갖지 못한다면 그저 일하는 것일 뿐, 몰입할 수 없기에 결국 게임에서 이길 수 없다.

최선의
선택을 하라

　인생은 탄생과 죽음 사이에 선택이라고 했던가. 결혼과 출산을 하면서 내게도 선택의 순간이 왔다. '한 아이의 엄마'와 '직장인'의 나. 동전의 양면처럼 하나만 골라야 하는 상황에서 나는 선택을 해야 했다.

　나는 비교적 어린 나이였던 2001년에 결혼을 했고, 4년 후쯤 출산을 하였다. 아이가 태어났다는 것은 분신이 생긴 것 같아, 사랑스럽고 매우 신기한 경험이었다. 하지만 대한민국 남편 대부분이 그러하듯 나의 남편 역시 사회생활을 해내느라 꽤 바쁜 사람이었다. 그래서 늘 육아와 살림 모두 독박으로 도맡아야 했다.

　여성에게 있어 사회생활을 하는 데에는 장애물이 많다. 결혼과 함께 가정이라는 울타리와 가족이 생기면서 커다란 변화들과 마주하게 된다. 그로 인해 직장을 그만두거나 근무시간을 조정하기도 하고, 또는 다른 지역으로 떠나 새로운 일자리를 구해야 하는 상황에 놓이게 된다. 이것은 여성이 결혼 및 출산과 함께 일과 가족에 대한 의무 사이에서 딜레마에 빠지게 되는, 행복하지만 슬프기도 한 일이다.

워킹맘으로 살아본 사람은 육아 노동의 강도를 안다. 아침에 일어나서 아이를 먹이고, 입히고, 유치원 등원 차량을 놓치지 않기 위해 사투를 벌인다. 어쩌다 등원 차량을 놓치기라도 하면 아이를 유치원에 직접 등원시키고 출근을 해야 하기 때문이다. 아이를 먹이느라 정작 제대로 된 아침을 먹을 수가 없는 경우도 허다하다. 나 역시 그랬다. 그래서 나는 전날에 미리 삶은 계란을 준비해놓고 아침에 출근하는 차량에서 운전을 하면서 먹기도 했다.

아이가 초등학교에 들어가면 여성은 본격적인 경력단절의 길로 들어선다. 나 또한 예외는 아니었다. 입학하는 첫 달인 3월에는 9시까지 등교하고, 12시에서 1시면 하교를 한다. 나름대로 육아책도 많이 읽으며 주관을 가지고 아이를 키우겠다고 다짐하며 노력했고, 초등학교에 입학하게 되어 축하한다는 말을 해주려고 늘 준비했었지만, 아이에게 건넨 첫마디는 "도대체 학원을 몇 개를 보내야 엄마 퇴근 시간이랑 맞겠니?"였다. 현실 앞에서 신념이 무너진 순간이었다. 다행히 초등학교에는 돌봄교실 제도가 있어서,

방과 후 수업과 돌봄교실을 이용했다. 피아노학원을 하나 보냈더니 퇴근 시간과 학원 마치는 시간이 얼추 비슷했다.

그렇게 정신없이 1학기가 끝날 때쯤 어느 날 강의 기관 내부사정으로 휴강이 되어 일찍 귀가했다. 딸과 근처 공원에서 자전거를 같이 탔고, 아이스크림을 먹으면서 집으로 걸어가고 있었다. 그 때 딸은 내게 이런 말을 했다. "학교 가는 날인데 햇님이 있을 때 엄마랑 자전거도 타고, 아이스크림도 같이 먹으니까 너무너무 좋아. 매일 이렇게 지내면 좋겠어." 생각해보니 그랬다. 평일엔 일에 치이다 퇴근하면 늘 저녁이었으니, 아이와 낮에 시간을 보낼 수 있는 날은 주말뿐이었다. 평일 낮에 아이스크림을 먹으면서 자전거 타는 것이 뭐가 어려운 일이라고 그걸 마음껏 해주질 못했다.

마음은 아프지만, 타협의 여지는 없었다. 간혹 이런 말을 하는 사람들이 있다. 돈이야 아무 때고 벌면 되지 자식 한 명 있는데 그걸 못 해주느냐고 말이다. 자칫 모성애도 없는 야박한 엄마처럼 보여질 수 있지만, 그렇게 치부할 단순한 문제가 아니다. 일과 육아 사이에서 끊임없이 저울질해야 한다. 그리고 최선을 다해 나의 선택이 가치 있는 일이었다는 것을 증명해야 한다.

일이 바빠서 자주 시간을 보내지 못하는 엄마임에도 딸

은 내게 "엄마는 집에 있지 않고 너무 바쁘지만, 대신에 사람들이 엄마한테 아줌마라고 부르지 않고 선생님이라고 부르니까 좋은 것 같아. 그리고 엄마는 매일 화장도 하고 예쁘게 다니니까 더 좋아"라고 말해주었다. 나의 선택을 지지해주는 말에 더욱 힘이 나는 순간이었다. 육아에도 총량의 법칙이 존재한다고 본다. 시간적으로 오래 같이 있으면 좋은 육아이고, 반대이면 좋지 않다고 봐서는 안 된다. 짧은 시간 함께 하더라도 나름대로는 최선을 다한다면, 아이에게 좋은 엄마가 될 수 있다.

아이와 함께 보내는 시간도 중요하지만, 엄마가 자기 분야에서 열심히 일하고 성장하는 모습 또한 딸에게 좋은 본보기가 될 수 있다. 실제로 초등학교 1학년 때 딸은 내게 이런 말을 했었다. "엄마는 집에 있지 않고 너무 바쁘지만, 대신에 사람들이 엄마한테 아줌마라고 부르지 않고 선생님이라고 부르니까 좋은 것 같아. 그리고 엄마는 매일 화장도 하고 예쁘게 다니니까 더 좋아"라고 말이다.

남성과 다르게 여성에게는 결혼과 출산이라는 경험을 하면서 반드시 선택해야 하는 시기가 한 번은 오게 된다. 그 선택은 개인마다 다르며, 본인에게 더 의미 있는 것을 결정하면 되는 것이다. 다만, 어떤 것을 선택하더라도 후회가 남지 않도록 최선을 다한다면, 삶에서 중요한 선택을 해야 하는 순간마다 가치 있는 결정을 하기가 수월해질 것이다.

세일즈에 입문하기 전 디자인업에서 꽤 오랜 기간 강의했다. 그때 강사가 되기 위해서 나를 찾아온 교육생들 다수가 여성이었는데, 대부분이 경력단절을 경험했다. 세일즈도 비슷하다. 우리나라에서 대체로 남성은 꾸준한 사회생활을 하지만 여성은 그렇지 못하다.

누구에게나 선택의 순간이 온다. 선택의 결과에 따라 울기도, 웃기도 하지만 중요한 것은 후회가 남지 않도록 최선을 다해야 한다는 것이다. 지금 여러분의 눈앞에 선택의 순간이 왔다면, 가치 있는 결정을 해야 한다면 어떤 선택을 할 것인가? 그리고 어떻게 증명할 것인가? 지금 내가 할 수 있는 최선의 선택을 하라.

절실함으로
결실을 맺어라

　　디자인 전공자로 특별한 문제 없이 비교적 평탄한 삶을 살아오고 있었다. 한 분야에서 15년 넘게 일을 했기 때문에 익숙할 만큼 익숙해 졌고, 사업의 확장을 위해 회사를 만들고 디자인상품을 판매하는 쇼핑몰을 운영했다. 운이 좋았던지 현금이 매일 입금되었으며, 화장실 갈 시간도 없이 택배를 포장해야 하는 경험도 해봤다. 외부 강의는 늘 접수신청을 받으면 마감이 되었고, 수강생이 없어 폐강을 걱정해야 하는 강사님들도 있었으나 적어도 나는 그런 걱정 없이 10년 넘게 강의를 했었다.

　　쇼핑몰을 운영하던 시기에 판매했던 제작물은 응원이나 파티 등 행사에 사용하는 상품이었다. 비교적 일찍 시장에 들어갔기 때문에 독점은 아니지만 나름대로는 선점하는 업체 중에 하나가 되었다. 자체 쇼핑몰을 운영하다 오픈마켓에 입점을 하면서 판매량은 급증했다. 그 당시에 운영하고 있던 블로그로도 상품을 홍보하였는데, 자치단체나 콘서트 지역행사에서 대량 주문도 받았다.

그러던 어느 날 내가 감당하기에는 많은 주문이 소개로 들어왔다. 소개를 해주신 분은 평소에도 잘 알고 지내던 지인이었다. 돈을 많이 벌고 싶기도 했지만, 규모가 상당한 대량 주문 해낸다는 기쁨에 욕심을 부렸다. 혼자 할 수 없었기 때문에 나보다 더 큰 규모의 회사에 OEM으로 제작 의뢰도 하고, 주문량의 일부는 나의 교육을 듣고 창업을 하셨던 교육생께 재주문 의뢰를 하였다.

숨이 턱까지 차오르는 듯한 경험을 하고 정말 가까스로 기일에 맞춰 납품을 하였다. 지금도 생생하게 기억나는데 해냈다는 기쁨과 쾌감이 이루 말할 수 없었다. 마치 곧 돈방석에 앉을 것 같은 생각이랄까? 이제 내 사업은 탄탄대로로 가는 것인가 하는 기대감? 말로 표현할 수 없는 느낌이었다.

그런데 그 좋은 기분은 얼마 지나지 않아서 산산조각이 났다. 납품이 제대로 이루어졌으니 대금결제를 받아야 하는데 입금이 되지 않아서 확인해보니, 이미 결제대금 지급은 완료되었다고 하는 것이다. 도대체 이게 무슨 말인가? 그럼 돈이 어디로 갔단 말인가? 소개를 받고 같이 일했던 분은 처음 일을 하는 것이지만 소개를 해 주신 분은 이미 알고 있던 사이였기 때문에 솔직히 별로 다른 것은 생각하지 않았던 것이 문제였다.

지인과 지인이 소개해줬던 그 사람은 애초부터 나에게 입금해줄 생각이 없었던 것으로 보인다. 일은 내가 다 했고, 돈은 그들이 가져갔다. 문제는 나를 믿고 같이 일을 해주셨던 분들인데 돈을 드릴 수가 없게 된 것이다. 우선 대금 지급이 늦어진다는 핑계를 대었지만 계속 그럴 수는 없었다. 얼마간 미친 사람처럼 지냈다.

결제 금액이 크지 않은 분들께는 개인 자금을 정리하여 드리기 시작했다. 하지만 점점 더 은행 대출, 카드론, 제 2금융권, 사금융까지 최고 이자율인 24%가 넘는 대출도 받기 시작했고, 이자에 이자가 더해져 눈덩이처럼 불어났다. 잠시 파산신청을 할까 생각도 하였지만, 나 살자고 그리하면 나를 믿고 같이 일을 해주셨던 분들은 어떻게 해야 할까 싶어 파산신청 하지 않았다. 또한 그 당시에는 남편이 있었고, 남편은 굉장히 안정적인 직업을 가지고 있었기 때문에 파산신청을 하는 것 자체가 어려웠다. 만약 내가 빚을 해결하지 못하면 남편에게 채무변제를 요구 하였을 것이다. 그러한 이유와 다른 이유까지 더해져 고민하고, 또 고민하여 나는 결국 이혼을 선택했다. 하지만 지금 다시 생각해도 그 당시 최선을 다해서 모두 지급을 해드렸다는 것은 참으로 잘한 선택이었다.

그런데 문제는 신용등급이 1등급에서 바닥으로 추락하는 데 불과 몇 개월이 걸리지 않았다. 신용카드는 당연히 사용할 수 없었고, 내 신용으로는 더 이상 할 수 있는 것이 없었다. 거기에 바로 코로나 펜데믹까지 왔기 때문에 사람을 만나는 일은 더욱 어려웠다. 통장 잔액이 1만 원이 되지 않아 인출을 못하는 지경에 이르게 되었다. 하나 뿐인 딸이 치킨 한 마리만 사달라고 하는데 사주지 못했다.

돈이 많아야 행복하다고 말할 수는 없지만, 돈이 없으면 불행해질 수 있다는 것을 나는 처절한 경험을 통해 직접 느꼈다. 그렇게 마흔 즈음에 인생 바닥을 경험하였고, 결국 전업을 하게 되었다. 새로운 일을 시작하기에 오히려 내게 비참하고 처절한 순간이 있을수록 더 좋다. 왜냐하면 어차피 더 이상 내려갈 바닥은 없기 때문이다.

나의 삶에서 "빛"을 구하고자 한다면 먼저 눈앞에 있는 힘겨운 현실이라는 "그늘"을 제대로 직시하고 그것을 뛰어넘기 위해 용기 있게 전진해야 한다는 글을 어느 책에서 읽으며 마음에 되세기고 잊지 않으려고 노력했다. 현실을 부정하는 것이야 말로 가장 하지 말아야 하는 기본적인 마음가짐이다.

나는 법인영업을 시작하기 전에 브리핑 영업을 잠시 했

었는데, 그것이 보험업계에 처음 발을 들이는 계기가 되었다. 거기서 법인영업이라는 분야를 알게 되었고 2020년에 전업을 했다. 만으로 2년 만에 모든 빚은 다 청산했고, 현재 대출은 전혀 없으며, 예금도 제법 있고, 생활하는 데 어려움은 전혀 없다. 법인영업을 처음 시작하고 1년 동안 죽지 않을 만큼 영혼을 갈아 넣었다. 성공하지 못하면 그냥 죽어 버려야겠다는 각오로 버텨냈다.

흔히들 영업에 들어오는 사람 중에 사연 없는 사람은 없다고 한다. 비교적 맞는 말인 듯하다. 그러나 영업을 하기 위해 반드시 사연이 있을 필요는 없다. 하지만 내게 사연이 있다면 영업에서는 오히려 도움 되는 부분이 있다. 왜냐하면 그 아픈 사연이 내게 절실함이 되기 때문이다.

강의를 통해서든 입사 미팅을 통해서든 현재 나를 찾아오시는 분들은 다 절실하고 간절하다고 한다. 그런데 의구심이 들 때가 다소 많다. "절실함이란? 매우 시급하고도 긴박한 상태이며, 뼈저리게 강렬한 상태"라는 사전적 정의가 있다. 그런데 어떻게 남들 자는 만큼 자고, 쉬는 만큼 쉬고, 날씨에 따라 일을 하고, 어려운 것은 하기 싫고, 심지어 방법을 알려줘도 하지 않는가? 그렇다면 지금 절실한 것이 맞는가? 나는 맨땅에 헤딩하며 혼자서 여기까지 왔다. 그런데 먼저 가본 유경험자가 옆에 있다는 것이 얼마나 도움이 되는 일인지 모르는가? 그렇다면 알면서 안 하는 것인가? 몰라서 안 하는 것인가? 핑계 대지 말자.

성공하고 싶다면 먼저 성공해야 할 이유를 찾아보고, 내게 얼마나 절실함이 있는지 되새기자. 겉으로만 절실하다고 하지 말고, 행동으로 절실함을 보여 주자. 영업은 특히 말로 하는 것이 아니고, 발로 하는 것이다. 나의 발자국이 많이 남을수록 그 절실함은 곧 결실로 맺어지게 된다!

스스로 날카롭게
평가하자

　법인영업에서 어느 정도의 성과를 이루고 나니 교육을 요청하는 곳이 한 두 곳 생기기 시작하였다. 그 중 외부교육을 진행 했을 때였다. 현재 내가 하고 있는 일에서 다른 일을 해보고자 한다면 둘 중에 하나라고 생각한다. 지금 하는 일이 이미 자리도 잡았고 익숙해지고 잘되고 있어 다른 일도 추가해 보고자 경우이거나, 그 반대인 경우로 현재 하는 일이 잘 되고 있지 않아서 다른 일을 선택해 보고자 함이다.

　새로운 일을 선택했을 때 전자의 경우라면 그동안 본인이 실행해왔던 방법대로 계속하면서, 스킬을 하나 더 업그레이드 하면 되는 것이지만, 후자의 경우는 다르다고 생각한다. 후자의 경우를 전제로 이야기 해보겠다. 교육을 들는 목적이 무엇인가? 지금 나의 처한 상황보다 더 잘되기 위함이 아닌가? 그런데 잘 되기 위한 방법을 공유하고 교육해도 실행하지 않는 경우가 대부분이다.

나는 교육이나 강의를 시작할 때 강사소개를 한다. "저는 보험업 경력은 전혀 없었고, 개인영업의 경험도 없습니다. 보장분석을 한다거나 개인보험을 컨설팅 하는 일은 못합니다. 처음부터 법인영업만 했고 지금도 법인영업만 하고 있습니다."

강사소개가 끝나고 교육이 마무리 되고나면 늘 교육생의 다수는 내가 특이한 경우라고 똑같이 반응한다. 보험업 경력도 없는데다가 개인영업도 해보지 않았고, 어떻게 법인영업으로 단시간에 여기까지 왔냐는 질문이 한 번도 빠진 적이 없다. 그래서 나는 경험한 사실 그대로 설명하고, 내가 해왔던 방법들을 나누지만, 결국 특이한 경우로 귀결되고, 성향이나 개인차가 있는 거 같다며 마무리가 되는 편이다.

어느 날 교육생 중 한 명이 교육이 끝난 이후에도 계속 연락을 주어 소통을 했었다. 지금 영업이 잘 안되서 너무 힘들다는 것이다. 법인영업 교육은 이미 여기저기서 많이 들어 보았다고 한다. 그래서 가망고객은 어떻게 어떤 방법으로 찾아보고 계세요? TM은 어떻게 하고 계세요?

AP는 어떻게 하고 계세요? 여러 가지 질문을 드리고 필요한 설명도 해드렸다. 그런데 항상 연락 할 때마다 같은 것을 물으신다. 답변도 항상 같다. "제가 잘 못하는 거 알아요."라고 말한다.

그래서 "그럼 왜 제가 알려드리는 대로 시도해보지 않으세요?"라고 하면, "어차피 잘 안 될 건데 해서 뭐 하겠어요?"라는 답변을 한다. 이해를 할 수가 없다. 다른 방법을 알려드리고, 설령 같은 방법이라도 다르게 해보라고 알려드리는데 하질 않는다. 물론 내가 정답이라고 말하는 것이 아니다.

본인이 뭐가 문제인지도 알고, 다른 방법으로 해봐야 하는 것도 알겠다고 하는데 왜 해보려고 하질 않을까? 그러면서 정말 힘들어 죽겠다고 한다. 같은 방법을 계속하면서 어떻게 다른 결과가 나오길 바랄 수 있을까? 지금 방법이 잘 안된다면 포기할 때 하더라도 잘 될 수 있는 방법을 계속해서 시도해봐야 하지 않을까? 아쉽고, 답답하기도 하고 속상한 일이다.

다음과 같은 경우도 자주 본다. 본인은 억대연봉자가 되는 것이 목표라며 반드시 월 1천만 원을 벌고 싶다고 한다. 그러나 일과 여가가 균형을 이루는 워라밸의 삶을 추구하는 편이라고 한다. 워라밸의 삶을 살고 싶지 않은 사람이 있을까? 결국 우리 모두는 더 나은 미래를 위해 현재에 치열하게 살아내는 중인 것이다. 그런데 시작부터 워라밸의 삶을 추구한다면 결국 오지 않을 삶이 될 수 있다.

영업인에게는 대부분 속해 있는 조직이 있다. 그러나 일반 직장인처럼 출퇴근을 꼭 정시에 지켜가며 해야 하는 일도 아니고, 평일에 쉬기 위해 미리 상위 관리자에게 휴가 결재를 받아야 하는 것도 아니다. 그러다 보니 날씨가 추우면 추워서 안 나가고, 더우면 더워서 안 나가고, 비가 와서 쉬고 있고, 피곤해서 안 했고, 몸이 안 좋아서 못했고, 더 좋은 방법을 찾아보고 있어 아직 시작하지 못했고, 핑계가 끝도 없다.

스스로가 과연 억대연봉자가 되기 위해 얼마나 투자하고, 자기관리를 철저히 하고 있는지 진심으로 생각해 보길 권한다. 월 100만 원 만큼의 노력도 하지 않으면서, 월 1천만 원이 벌고 싶다고 말로만 하고 있지는 않은지 체크해 보자. 피나는 노력은 하기 싫고 그저 잘되고만 싶은 사람이라면 기회는 주어지지 않게 된다.

안타깝게도 더욱 아니러니 한 것은 그들도 모두 본인이 왜 잘 안되는지 알고 있다는 사실 이다. 하지만 실행을 하지 않는다는 것이 원인으로 보여진다. 남들이 하는 만큼 노력하는 것도 이미 힘이 드는 일인데, 그것보다 더 피나는 노력을 해야 하니 막상 실행하기가 두렵고 어려워지는 것이다. 그리고는 영업이 잘 안되어서 힘들다로 항상 귀결된다. 이런 말이 있지 않은가?

"사는 대로 생각하지 말고, 생각하는 대로 살자."

생각을 하고 행동을 해야 상황이 바뀐다는 것은 알지만, 늘 하던 대로 사는 것이 익숙하기 때문에 변화가 어렵다. 새로운 일을 시작하기 위해 입사 미팅을 많이 하는 요즘 다양한 성향의 사람들을 만나게 된다. 나를 만나러 오면서 내가 하는 일은 세일즈라는 것을 모르는 사람이 없다.

그런데 미팅 중에 간혹 어떤 사람은 이런 말을 한다. "저는 세상에서 제일 하기 싫은 일이 사람 만나는 일이에요." 답답하다. 그럼 도대체 나를 왜 만나자고 하였을까? 돈도 중요하지만 나의 성향을 고려하지 않고 시작하는 일은 정착하기도 어려울 뿐만 아니라 결국 중도에 포기하게 될 가능성이 매우 높다.

새로운 일에 도전하거나 새로운 방법을 도입해보고자 한다면 스스로 어떠한 사람인가 반드시 냉철하게 생각해보자. 영업이 단순히 돈을 많이 벌게 해준다고 생각해서 뛰어들었다간 훨씬 더 고된 삶을 살 수 있다. 아무리 돈을 벌어야 하는 상황이라고 해도 내게 맞지 않은 옷을 입으면서 억지로 할 수 있겠는가?

법인영업이 고액 계약을 받는 일이라고 해도 결과가 더디게 나오는 일이기 때문에 멘탈 관리가 힘들다고 설명을 하여도, 받아들이지 않는다면 어쩔 수가 없다. 세상에 단점은 없고 장점만 있는 일이 있을 수 없다.

세일즈가 잘 맞아서 하고 있다면, 너무 무리한 계획이나 목표를 세울 필요도 없다. 본인의 상황이나 성향에 맞춰서 해 나가도록 하자. 목표를 설정하는 것은 매우 중요하지만, 감당할 수 없는 정도의 상향 목표만 세운다고 성공할 수 있는 것은 아니다.

나의 성향을 파악하고 적합한 목표를 설정하는 것이 중요하며, 실행가능 여부를 날카롭게 평가 하자. 할 수 있는 것과 아닌 것을 명확히 구분하고 꾸준히 실행해 나간다면 반드시 성과가 있다. 포기하지만 않는다면 모든 위기는 반드시 기회가 된다.

나를
먼저 믿어라

    딸이 초등학교를 졸업할 때까지 피아노 학원 외에 사교육은 시키지 않았다. 책육아라는 이름으로 나름의 주관을 가지고 딸을 키웠고, 고맙게도 잘 따라와 주어서 공부도 잘했다. 여러 분야에서 수많은 상장을 받았으며, 일하느라 바쁜 엄마가 세세히 돌봐주지 못해도 씩씩하게 학교생활도 잘했다. 그렇게 초등학교를 졸업 하였다.

    하지만 슬프게도 딸은 중학교에 입학한 뒤 학교폭력의 피해자가 되어 좋지 않은 상황에 놓이게 되었다. 그 이유에서인지 학교생활에 적응을 못하는 일이 벌어졌다. 그리고 얼마 지나지 않아 나는 사업실패를 겪게 되었고, 많은 빚을 지게 되었다. 학교에 다니는 것을 힘들어하는 딸은 자퇴하려고 했다. 하지만, 중학교는 의무교육이라 자퇴가 불가능했고, 정원 외 관리자가 되어야 했다. 그렇게 딸의 정규 학교 생활은 마무리되었다. 이후 딸은 중졸 검정고시, 고졸 검정고시를 보았다.

이때 사업실패로 인한 좌절보다 나를 더 힘들게 짓누른 것은 자식을 잘 키우지 못했다는 엄청난 자책감이었다. 보통의 사회적 기준이 정해놓은 잣대에 맞춰서 최고로 키우고 싶었는데, 남들과 다른 길을 선택해야 한다는 것에 패배자 같은 느낌이 들었다. 이러한 감정에서 벗어난 지 솔직히 얼마 안 되었다. 아직 까지도 힘들지만 그저 기다릴 뿐이다.

딸은 이제 19살이 되었고, 나는 이런저런 힘든 시기를 겪으며, 남편과 의견 차이가 있어 이혼을 선택했다. 육아도 살림도 너무 소중한 일이지만 고된 건 사실이다. 요즘 많이 달라졌다고 하지만, 아쉬운 것은 아직까지 육아와 살림은 여성에게 더 많은 희생을 요구한다는 점이다. 남편들이여, 도와준다는 표현은 틀렸다. 같이 결혼했으니, 같이 해야 하는 것이다. 제발 같이 하자. 그리고 나의 배우자에게 경력 단절을 경험하게 하지 말자.

결국 남성이든 여성이든 일을 하고 있다면 두 가지 중에 하나이다. 스스로가 선택해서 본인 사업으로 커리어를 쌓아 나가거나, 다른 사람이 시키는 일을 하며 조직의 구성원으로 커리어를 쌓아 나가야 한다. 어떤 것이 더 의미 있다고 규정할 수는 없다. 하지만 할 수만 있다면 본인의 사업으로 커리어를 쌓아 나가는 일을 해보자.

　이런 기사를 본 적이 있다. 조직의 구성원으로 일을 하며 개발했던 아이디어가 있었는데, 본인의 사업이 아니기 때문에 당연히 아이디어의 주인은 회사가 되었다. 일정 시간이 지나고 난 후 퇴사를 하게 되었고, 그 당시 개발했던 아이디어는 그 직원의 퇴사 이후 상품화 되어 기업에 엄청난 매출 성장을 가져다주었다는 것이다.

　시간이 흐른 뒤 알게 된 아이디어 개발자는 뒤늦게 소송을 제기하였다고 한다. 만약 그 때 아이디어를 개발했던 직원은 어렵더라도 퇴사를 결정하고, 아이디어를 특허로 등록한 후 본인의 사업으로 확장해 나가기를 도전해 봤다면 어떠했을까? 성공의 성패 여부를 떠나서 본인의 창의적인 아이디어를 잃어버리는 일은 없었을 것이다.

　그러기에 본인의 커리어를 스스로 책임지는 사람이 되고 싶다면, 내가 먼저 나를 믿어야 한다. 내가 나를 믿지 못하면 누가 같이 일을 하겠는가? 그럼 내가 나를 어떻게 믿어야 할까? 마음속으로 혼자 속삭이지 말고, 목표를 정하고 목표를 선포하고 목표를 그려보자. 그리고 그 목표를 달성할 수 있다고 나를 믿어주자. 목표를 설정 하는 데에도 방법이 필요하다. 구체적이고 명확해야 한다. 포괄적으로 "나는 부자가 될 것이다", "나는 돈을 많이 벌 것이다"라고 하는 것은 목표가 아니다. 그것은 그냥 꿈이다. 목표와 꿈은 다르다. 목표를 세울 때에는 반드시 구체적으로 수치화 하는 습관을 들이자.

"2024년도에는 연봉 1억을 목표로 하고, 2026년도까지는 연봉 3억을 번다" 그리고 현재 나의 상황을 정확하게 파악하고 1년 목표는 다시 상반기 하반기로 나누고, 상반기는 다시 분기로 나누고, 분기는 다시 매월로 나누고, 그 다음은 주차로 나누고, 매일의 실행 목표까지 세분화 하여야 실행에 옮길 수 있는 것이다. 그리고 말하고 알리자.

사람은 다 똑같다. 혼자서 생각만 하면 실패해도 아무도 모르기 때문에 성공할 확률이 낮아진다. 보통의 사람들은 오히려 극심한 고난은 어떻게든 견뎌내도 사소한 걱정에는 쉽게 마음을 내어주어 인생을 망치는 경우가 수두룩하다고 한다. 그렇기 때문에 목표를 세분화 하지 않으면 어디서부터 무엇을 해야 할지 몰라 시작도 못해보고 실패하게 되는 것이다. 그러한 경험이 많아질수록 내가 나를 믿을 수 없게 된다.

한 달간 미라클모닝을 하기로 목표를 세웠다고 가정해보자. 30일이라는 시간은 생각보다 긴 시간이다. 5일째까지 성공하다 6일째 실패했다면 그대로 무너질 확률이 높다. 애초에 "작심삼일"만 해보기로 하는 것이다. 그리고 그 것을 여러번 반복해서 실행하면 된다. 그렇게 10번을 반복 하면 30일이 되고, 한 달간 미라클모닝이라는 목표를 완성 하게 된다. 작은 성공부터 경험해 보자 성공이 익숙해지도 록 그러면 내가 나를 믿을 수 있게 된다.

나는 아침에 차에 타서 운전을 시작하기 전에 혼자서 큰 소리로 그날의 중요한 일정을 외치는 편이다. 당연히 그 중요한 일정은 잘 될 것이라고 외친다. 가끔 미친 것 같아 보이기도 하지만, 그러면서 스스로 동기부여를 하고, 기운 을 받는 것이다.

이를테면 이렇다. 그동안 진행했던 프리젠테이션의 클 로징이 있는 날이라고 해보겠다. "오늘 나의 클로징은 완 벽할 것이다. 왜냐하면 준비를 너무 잘했기 때문이다. 화 이팅!" 또는 입사 미팅이 예정 되어 있는 날이라면 "오늘 미팅은 복된 만남이 될 것이다"라고 외친다.

긍정적인 마인드로 작은 성공부터 경험하여 나를 믿어 주고, 상상을 현실로 만들어보자. 그것이 성공하는 사람이 될 수 있는 첫 번째 단계이다.

고수의
비결을 새겨라

가난한 사람들이 할 수 있는 가장 효과적인 일은 부자에게 점심을 사는 것이라고 한다. 지금 새로운 일에 도전을 하게 되어 귀중한 정보가 필요하게 되었다면 그 분야에서 성공한 사람들을 찾아 도움말을 들어보고, 그것을 실행에 옮겨 보는 것이다.

만약 성공한 사람들과 만남이 어렵다면 포기해야 하는가? 그렇지 않다. 요즘은 각종 미디어를 통해 일하고자 하는 분야에서 성공한 사람을 어렵지 않게 찾아볼 수 있다. 그러니 내가 일하고자 하는 분야에서 한 사람을 찾아 롤모델로 정하고 그 사람이 했던 방식과 똑같이 해보는 것이다. 그리고 나도 성공할 수 있다는 자기 암시를 하는 것이 중요하다.

나는 사업실패로 인해 몸도 마음도 매우 지친 상태였고, 경제적으로 어려웠기 때문에 어쩔 수 없이 전업을 선택하였다. 보험 세일즈 중에서도 법인영업이라 불리 우는 분야를 새로 시작했다. 내가 나에게 부여한 시간은 1년 이었고, 고액 계약을 받으려면 어떻게 해야 할까 매일 생각했다.

법인영업의 컨설팅 분야는 매우 다양하다. 계약금액의 규모가 적은 편이라도 비교적 결과가 빨리 나오는 정책자금, 지원금, 인증, 연구소설립, 인사 노무, 법인전환과 같은 분야가 있고, 반면에 계약금액의 규모가 비교적 큰 편이지만 결과가 더디게 나오는 가지급금처리, 차명주식환원, 미처분이익잉여금처분, 상속 및 증여가 핵심인 가업승계에 이르는 분야가 있다.

법인영업 강의를 하다 보면 매우 많이 듣는 질문인데, 어떠한 컨설팅 분야가 좋냐는 것이다. 좋고 나쁜 컨설팅이 있는 것이 아니고, 내게 잘 맞는 분야이면 좋은 것이라고 생각한다. 남들이 아무리 좋다고 한들 내게 맞지 않고, 궁극적으로 내게 수익으로 연결되지 않으면 그럼 문제가 있는 것이 아닌가? 그러니 본인 스스로 나는 어떠한 성향의 사람인지 생각해 보면 될 것이다.

예전 입사 미팅에서 이런 경우가 있었다. 아마도 인터넷에서 검색을 하며 블로그에서 나를 보게 되었던 것 같다.

고액 계약을 받고 싶어서 찾아오게 되었다고 했다. 그래서 상담을 진행하며 법인영업의 컨설팅 분야에 대해서 자세하게 설명을 했다. 고액 계약은 받고 싶지만 본인은 성격상 오래 기다리고 시간이 걸리는 일은 잘 못한다는 것이었다. 내가 나를 잘 파악하는 것이 매우 중요하다.

법인영업을 시작했을 당시 나는 너무 몰랐기 때문에 그저 고액 계약을 받아야겠다는 것이 목표였다. 왜냐하면 내가 법인영업을 시작할 때 나에게 아무도 이런 자세한 설명을 해주는 사람은 없었고, 나의 로드맵을 그려 주는 사람도 없었다. 오로지 혼자 생각하고 혼자 결정해야 했고, 혼자 해내야 했다. 그 때 옆에서 지금의 나와 같이 도와주는 멘토가 있었다면 어쩌면 지금보다 훨씬 더 빠르게 성장할 수 있지 않았을까 하는 생각을 종종 해본다.

고액 계약을 받는 것이 목표였던 나는 상속 및 증여와 관련된 가업승계 컨설팅 분야를 하기로 결정하였다. 이 후 그 분야에 대해서 적극적이고 공격적으로 공부하기 시작했다. 그리고 그 당시 소속된 회사에서 이미 그 분야에서 많은 결과를 냈다는 고수를 찾았고, 다른 곳에 눈을 돌리지 않고 몰입하기 시작했다. 마침 그가 진행하는 해당 분야의 교육과정이 개설되었고, 1분 1초를 놓치지 않았으며, 무엇이든지 아바타처럼 시키는 그대로 하기로 마음을 다 잡았다.

어떻게 일을 해야 하는지? 고객발굴은 어떻게 해야 하는지? 어떻게 TM을 해야 하는지? 어떻게 AP를 해야 하는지? 어떻게 PT를 해야 하는지? 어떻게 클로징을 해야 하는지? 어떻게 하면 월납 1천만 원 계약을 받을 수 있는지? 끊임없이 질문하였고, 그가 알려주는 그대로 실행에 옮겼다.

여기서 중요한 것이 있다. 새로운 분야에서 일을 시작했다면, 처음에는 내 생각을 넣지 말고 알려주는 그대로 해보자. 일정 시간이 지나고 난 뒤 나에게 맞는 방법으로 변형에 나가기를 추천한다. 나는 법인영업은 초보로 시작하였지만, 그 당시 이미 분야는 달랐어도 경력단절 없이 사회생활 경력이 20년쯤 되었다.

그런데 내 의견을 전혀 넣지 않고 알려주는 그대로 하기가 쉽지는 않았다. 왜냐하면 이미 나의 사회생활 경력이 짧지 않았기 때문이다. 하지만 나의 의견은 철저히 배제하였고, 백지상태로 시작하였다. 그것은 옳은 선택이었다. 결국 먼저 경험해본 사람의 정보를 얻고 거기에 나만의 방식을 더했을 때 더 좋은 결과를 얻을 수 있다.

자! 그렇다면 성공했다는 사람들은 정말 남들은 모르는 특별한 방법으로 일을 하였을까? 절대 그렇지 않다. 늘 말하였지만 결국 평범한 일을 비범하게 잘했을 때 성공이라는 이름이 따라왔다. 그 방법은 이러하다.

개인보험을 위한 계약이라면, 지인에게 부탁하여 처음 일을 시작할 수도 있다. 그런데 기업의 이름으로 가입하는 법인계약은 그저 친분으로 계약을 하기에는 그 금액의 단위가 매우 크다. 그리고 나에게는 법인계약을 가입해 달라고 말할 지인도 없었다. 가망고객을 만들기 위해 수단과 방법을 가리지 않고 리스트를 늘려 가는 데 주력했다.

유료 DB를 구매하기도 하고, 온라인을 검색하여 공개된 법인 대표의 연락처를 모으기도 했다. 각종 협회에서 발간된 책자에서 기업의 명단을 확인하고 회사로 도움이 될 만한 정보가 적힌 DM을 보내기도 하였으며, 제조업이 많이 모여 있는 공단에 돌방을 다니기도 했다.

중요한 건 그 다음 과정이었다. 이렇게 모은 가망고객의 리스트를 기업의 요건에 맞게 구분하는 작업을 했다. 개인사업자인지 법인사업자인지 외감기업인지, 지역은 어디인지, 매출액은 얼마인지, 당기순이익은 얼마인지, 미처분이익잉여금은 얼마인지, 엑셀 시트에 체계적으로 분리를 하였다.

평일에는 영업을 다녀야 했고, 기업 요건에 맞게 분리하는 작업은 주로 주말에 하였다. 길게는 하루 15시간 평균 8-9시간씩 투자하였고, 기업의 홈페이지가 있다면 일일이 살펴보았다. 대표님과 관련한 기사가 나온 것은 없는지 찾아보고 기업의 특징을 구분하여 기록하였다. 가망고객 관리를 위해 매주 월요일 오전 8시 30분에 기업 경영에 도움이 될 만한 정보를 정리하여 문자메시지로 보내기 시작했고, 공휴일 여부 상관없이 한주도 거르지 않았으며, 이 일을 약 2년 6개월 동안 하였다.

여기서 중요한 것이 있다. 내가 보낸 문자메시지가 가망고객에게 너무 반갑고 고마워 바로 계약으로 이어졌을까? 천만의 말씀이다. 그렇다면 문자메시지를 왜 보냈을까? 바로 다음 단계인 TM을 편하게 하기 위해서였다.

텔레마케팅으로 오는 전화를 보통 친절하게 받는가? 그것을 생각해 보면 알 수 있다. 정보성 문자메시지를 보내기 전 TM을 할 때는 받자마자 내 이름을 말할 순간도 없이 그냥 끊어버렸다. 하지만 지속적인 문자메시지를 보내면서 TM을 했을 때 가망 고객의 반응은 달랐다. 내 이름은 기억하지 못하더라도 규칙적이고 루틴하게 반복을 했기 때문에 나의 전화에 "아~ 좋은 정보"라는 반응을 하는 고객이 생기기 시작했다.

그러면서 점차 기업에 방문할 수 있게 되었고, 계약을 받기 시작했다. 첫 보험 계약은 나 스스로에게 주어진 데드라인 1년이 되기 직전 11개월 차에 받았다. 무려 10개월 동안 보험실적은 무실적 이었다. 지치고 힘들어서 이 정도면 그만해야 할까 싶었던 날들이었지만, 그래도 아직 1년이 되기까지 한 달이 남았으므로 끝까지 최선을 다하자고 생각했다.

지금은 매주 문자메시지를 보내지는 않고, 매월 첫째 주 월요일 역시 오전 8시 30분에 한 달에 한 번 기업 경영에 도움이 될 만한 정보를 정리해서 보내고 있다. 어떠한가? 내가 해 온 방법이 나만 알고 있는 특별한 방법인가? 교육을 진행했던 그는 그동안 수없이 같은 방법으로 교육을 하고 강의를 하였지만, 나처럼 정말 실행에 그대로 옮긴 사람은 처음 봤다는 말을 하였다.

여기서 나는 남들은 모르는 특별한 방법을 사용했는가? 아니면 지금 내가 말하는 방법들을 혹시 처음 들어보았는가? 그렇지 않다. 본인이 속한 분야에서 성공하고 싶다면 이미 성공의 경험이 있는 고수를 찾아 조언을 듣고, 그대로 실행한 후, 순차적으로 나만의 방법을 더해 나가면 된다. 그럼 나 또한 후배에게 성공의 경험을 전해줄 날이 오게 된다.

명확한
목표를 세우라

　성공한 사람들의 저서를 읽어보면 한 가지 공통점이 있다. 바로 모두가 **목표를 세웠다는 것**이다. 성공한 사람들은 자기가 무엇을 이루고자 하는지에 대한 명확하고 구체적인 목표를 세운다. 그리고 목표를 위해 단계를 차근차근 밟아나간다.

　목표를 생각만 하지 말고 종이에 써서 또는 어떠한 방식으로든지 시각화하라는 말을 들어본 적이 있을 것이다. 시간과 노력을 들여 원하는 목표를 종이에 직접 써보고 그 목표를 이루기 위해서 구체적으로 무엇을 해야 할지를 생각한다.

　많은 사람들이 구체적으로 목표를 시각화 하지 않는다. 조사에 따르면 약 5%의 사람들만이 시간을 들여 목표를 시각화하고 행동을 하기 위한 계획을 세운다는 것이다. 물론 그저 시각화를 한다고 해서 목표가 다 이루어진다는 말은 아니다. 그렇다면 누가 목표를 이루지 못하겠는가?

　사람들은 왜 자신의 목표를 시각화하지 않을까? 어떤 사람들은 목표를 이루지 못할까 봐 두려워서 라고도 하고, 어떤 사람들은 이루어지지도 않을 것을 뭐 하러 팔 아프게 쓰냐고도 한다. 하지만 어떤 식으로든지 목표를 시각화 했을 때 무형의 것이 유형의 것으로 전환되는 느낌을 받게 되고, 목표를 쓰면서 스스로 동기부여를 받고 다짐을 해내가는 계기가 된다.

　목표를 시각화하여 쓰지 못하는 또 다른 이유는 목표가 없거나, 아니면 정확한 목표가 아니기 때문이다. 예를 들면 이렇다. 목표를 "나는 부자가 될 것이다"라고 세웠다고 가정해보자. 그럼 도대체 얼마의 돈을 벌어야 부자가 되는 것일까? 이렇게 정확하지 않는 목표를 세우면 이루기가 어려운 것이다. "2024년에는 연봉 1억을 번다"와 같이 수치화 하여 정확하게 목표를 세우는 습관을 들이자. 그래야 목표를 시각화하기도 좋다.

　목표를 정확하게 수치화 했다면 시각화를 해보자. 시각화란 별로 어려운 것이 아니다. 말 그대로 계속 눈에 보이게 하면 된다. 나는 "2021년에 연봉 3억을 번다"가 목표였고, 하루 백번쓰기를 하면서 마음을 다잡았고, 침대에도 붙여 놓았고, 컴퓨터 모니터 앞에도 붙여 놓았고, 핸드폰의 한 줄 메모로도 해놨었다. 이렇게 잊혀질 만하면 눈에 보이게 해놓는 것을 추천한다. 만약 다이어트를 하고 있다면 냉장고에 예쁜 모델 사진을 붙여 놓는 것과 비슷한 것이라고 볼 수 있다.

목표를 세운다는 것은 인생에 있어 방향을 정하는 것과 같다. 단순하게 돈을 많이 벌기 위한 것만이 목표가 될 수는 없다. 목표가 분명하면 기회도 나타나고, 목표를 이룰 수 있도록 도와주는 사람도 생긴다. 목표를 정하고 성공한 사람들은 지금 생각해보면 불가능했던 일인데 목표를 정하고 실행하니 가능했다고 말한다.

목표는 의식에만 영향을 미치는 것이 아니라 무의식에도 영향을 미친다. 그리하여 나도 모르는 사이에 그 목표를 이루기 위해서 최선을 다하게 된다. 목표는 나를 성장하게 해주는 원동력이 될 것이다.

나는 법인영업을 시작하고 매일 하루에 백번씩 "2021년에는 연봉 3억을 번다"라고 썼다. 결론부터 말하면 2021년에는 연봉 3억에 훨씬 못 미쳤다. 이루어지지 않았다. 그래서 또 썼다. "2022년에는 연봉 3억을 번다" 결론부터 말하면 연봉 3억을 달성했다.

그저 연봉 3억을 번다 라고 쓰기만 했다면 이루어졌겠는가? 그런 말이 아니다. 연봉 3억이 되려면 어떻게 해야 겠는가? 12개월로 나누면 매월 2천 5백만 원씩 벌거나 또는 분기에 7천 5백만 원씩 벌어야 한다. 이걸 보험계약으로 환산한다면 월납 얼마를 해야 하는지, 그러려면 한 달에 몇 개의 기업을 방문해야 하는지, 하루에는 몇 개의 기업을 방문해야 하는지 등을 자세하고 상세히 계산하였고, 하루 평균 300㎞ 이상, 최장 거리는 하루 700㎞ 이상, 한 달 평균 5,000-6,000㎞를 운전하였다.

법인영업을 시작하고 얼마 지나지 않아서 바로 코로나 펜데믹 상황이 왔고, 대면 방문이 어려운 상황이 왔다. 법인계약은 개인 계약처럼 모바일로 진행 할 수도 없다. 그저 주어진 상황에 최선을 다할 수밖에 없었고, 세운 목표가 있었기 때문에 다른 생각은 하지 않았다. 힘들지 않았다고 하면 거짓말이다. 집에 들어가는 길에 울면서 그만해야 할까 생각했던 날이 부지기수였다.

목표란 스스로가 원하는 것이다. 그러기에 큰 목표를 세우는 것은 좋다. 하지만 실제로 이루어질 수 없는 목표나 불가능한 목표를 세우는 것은 목표가 없느니만 못하다. 또한 직접 실행에 옮길 수 있는 목표인지 생각해보자. 예를 들면, 전 세계에 전쟁이 발생하지 않도록 하는 것이 목표라면 그것은 이룰 수 있는 목표인가? 다시 말해 직접 핸들

링이 가능한 목표여야 한다.

그리고 목표는 오로지 나 자신을 위한 목표여야 한다. 배우자를 잘되게 하는 것을 목표로 한다든지, 자녀가 잘되게 하는 것을 목표로 한다면 본인의 의사와 상관없이 집착으로 변질될 수 있다. 나만의 목표를 설정했다면, 반드시 행동으로 옮기자. 그리고 중간 중간 재평가를 하며 목표가 시들해지지 않도록 지속적인 시각화를 하자. 그러면 반드시 성공하게 된다.

론다 번 작가의 〈시크릿〉이라는 책은 5번 정도 읽었다. 이 책에서 말하는 "시크릿"은 "끌어당김의 법칙" 또는 "마음의 법칙"이라고도 불린다. 결국 나의 생각과 믿음이 삶에 영향을 끼친다고 말한다. 무엇을 생각하고 목표하는지에 따라 삶이 바뀔 수 있다. 이 말의 핵심은 결국 긍정적 마음가짐으로 애정을 가지고 몰입하면 내게 결과를 가져다준다는 뜻이다. 너무 포괄적인 꿈을 가지지 말고 명확한 목표를 세워보자.

찾아야 열린다,
찾으라

좋은 자세를 가지고 있으면 성공에 이르는 데 큰 도움이 된다. 성공한 사람들은 짧은 시간 내에 많은 일을 할 수 있는 방법을 찾는다. 장기적인 관점에서는 이것이 더 유리하다는 것을 알고 있기 때문이다.

세일즈를 하는 사람만 무엇을 파는 것이 아니다. 좋든지 싫든지 간에 인생의 성공과 실패는 물건이든 재능이든 내가 가지고 있는 가치 있는 것을 얼마나 잘 팔 수 있느냐에 따라 달려 있다. 자동차나 핸드폰처럼 보이는 물건을 판매할 수도 있고, 보험처럼 보이지 않은 것을 판매할 수도 있다.

그렇다면 직장 생활은 세일즈가 아닐까? 직장 생활도 결국 자신의 능력을 파는 일이다. 업무에서 성과를 잘 내고 나를 어필할수록 직장 생활도 잘 할 수 있는 것이다. 결국 유형의 물건만을 파는 것이 세일즈가 아니다. **만나고 일하며 살아가는 일상의 모든 순간이 사실상 세일즈**라고 할 수 있다.

만약 직장을 구하는 사람이라고 한다면 능력을 팔아야 하고, 직장 생활을 하고 있다면 승진이나 연봉 인상을 위해서 역시 자신의 가치나 능력을 팔아야 한다. 대학에 들어가기 위해서도 공부 능력을 팔아야 하고, 친구를 만날 때에도 마찬가지이고, 연애를 한다면 역시 매력을 팔아야 한다. 잘 살아가기 위한 방식 자체가 세일즈와 연관되어 있다.

그렇다면 나를 어떻게 잘 팔 수 있을까? 그건 계속해서 방법을 찾고, 도전해야 한다. 성공은 결국 스스로가 어떠한 자세로 임했는가에 따라 크게 영향을 받는다. 그렇다면 과연 어떠한 자세로 일에 임하고 있는가? 긍정적이고 낙관적인가? 아니면 부정적이고 비관적인가? 어디에 해당하는지 생각해보자.

이런 말을 들어본 적이 있을 것이다. "주인의식" 사실 아이러니한 말이다. 주인이 아닌데 어떻게 주인의식을 가지라는 말인가? 그러니 사실 주인의식을 갖지 않더라도 탓할 수는 없다. 하지만 조직 생활을 하면서 주인의식을 갖는 게 어려울까? 꼭 그렇지 만은 않다.

디자인 회사를 운영했을 당시 특정한 행사나 일정을 겨냥한 시즌 상품을 판매 했었다. 예를 들면 지역축제, 입학식, 졸업식, 선거, 발표회, 팬 미팅, 콘서트와 같다. 그렇다 보니 일손이 부족하여 파트타임으로 아르바이트생을 고용해서 상품을 제작하기도 했다.

A는 정해진 시간이 딱 되니 택배를 발송해야 할 상품이 산더미인데 바로 손을 내려놓고 퇴근을 했다. B는 택배 포장을 돕고 가겠다며 가라는 데도 같이 남아서 더 일을 하고 갔다. 물론 A가 잘못한 것은 아니다. 약속된 근무시간이 있고, 시간이 되었으니 퇴근을 하는 것은 당연하다. 그럼 대표인 나는 어떻게 했겠는가? B에게 그저 수고했다고 고맙다고 말로 끝났을까? B에게 하루 일당 절반에 해당하는 만큼을 더 지급하였고, 맛있는 저녁도 대접하고, 차로 직접 집에 데려다 주었다.

같은 상황에서 완전히 다른 자세를 가지고 있어 그 결과도 완전히 달라지는 경우를 본 일이 있는가? 예전 책에서 읽었던 일화이다. 한 소년이 바닷가에서 쇠기둥을 용접하는 세 명의 용접공을 보았다. 소년은 호기심을 이기지 못해 직접 가서 물었다.

첫 번째 용접공에게 지금 뭐하고 계세요? 라고 물었더니, 용접공은 퉁명스럽고 짜증스러운 목소리로 "먹고 살기 위해 이 짓을 하고 있다."라고 대답했다.

두 번째 용접공에게 지금 뭐하고 계세요? 라고 물었더니, 용접공은 앞 사람보다 낫기는 하지만 여전히 귀찮다는 표정을 지으며 "쇳조각을 붙이는 중이잖니?"라고 대답했다.

세 번째 용접공에게 지금 뭐하고 계세요? 라고 물었다. 소년을 본 그 용접공은 환하게 웃으며 "세상에서 제일 멋진 다리를 만들고 있단다."라고 대답했다.

위의 세 사람은 직업도 같고, 같은 시간, 같은 자리에서, 같은 돈을 받으며 일했다. 하지만 세 사람의 자세는 완전히 달랐다. 그렇다면 과연 어떠한 사람이 성공할 확률이 높겠는가? 당연히 세 번째 용접공 일 것이다.

세일즈로 말해보자. 요즘 세일즈는 DB영업을 주로 한다. DB란 상담을 받기 원하는 사람이 신청을 남긴 것을 말하며, 영업인은 DB를 배분받아 세일즈를 한다. 영업인 A는 늘 DB의 질이 좋지 않기 때문에 계약을 못 하는 것이라고 한다.

그러나 영업인 B는 같은 DB를 받아도 계약을 받는다. 이런 자세는 성공하지 못한 사람들 사이에서 흔히 발견된다. 물론 정말 DB의 질이 차이가 있었을 수도 있다. 하지만 결국 영업인 A는 어떤 DB를 배분받아도 나쁘다고 할 것이다. 좋은 자세를 가지고 될 방법을 찾는다면 성공에 이르는 데 큰 도움이 된다.

"성공의 길을 어떻게 찾을 수 있을까?"

첫 번째는 나에 대한 믿음과 하는 일에 대한 전문지식이다. 앞서 말한 것처럼 성공으로 가려면 내가 나를 믿어야 한다. 일을 하는 데 있어 나를 믿으려면 결국 내가 하는 일에 대한 전문지식이 꼭 필요하다.

법인영업이라는 분야는 꽤 많은 전문지식을 요구한다. 세무, 노무, 인사, 회계, 법무에 이르기까지 기업경영 전반에 필요한 내용들에 대해서 상담할 수 있어야 하므로 전문 자격사가 아니어도 그에 상응하는 공부가 필요하다. 거기에 관련 법령들이 해마다 변경되기 때문에 계속 공부하고 있다. 이 일을 하는 한 평생 해야 할 것이다.

오프라인 교육을 신청해서 듣기도 했고, 책은 이미 수십 권도 더 읽었다. 유튜브와 같은 공개된 영상으로도 공부하기도 했는데 나름대로는 두 가지로 구분해서 보았다. 나와 같은 컨설턴트의 영상은 '어떤 화법을 쓰면 좋을까?'를 중점적으로 보면서 도움을 받았고, 전문 자격사의 영상은 법령의 해석이나 팩트체크를 위해서 보았다. 한참 공부 했을 당시 법인영업과 관련한 영상은 거의 다 보았다고 해도 과언이 아닐 정도다.

여기서 중요한 것은 듣고 보고 끝나면 안 된다는 사실이다. 그것을 어떻게 나에게 맞게 활용할 수 있을지 또 분석하고 고민해서 적용을 해야 내것이 된다. 그렇게 유료교육과 무료교육을 병행해가며 나의 전문지식을 쌓아 나갈 수 있었다.

두 번째는 긍정적인 마인드이다. 앞서 용접공의 사례에서도 말하였듯이 어차피 할 일인데 짜증스럽고 부정적이어서 좋을 게 있겠는가? 이런 말도 있지 않았는가? "피할 수 없으면 즐겨라" 누구나 성공 하고 싶어 한다. 나 역시도 아직 더 성공해야 하고, 더 성공 하고 싶다. 철저히 준비하고 최선을 다했는데도 안 되었다면, 그건 내 계약이 아니었다고 생각하는 편이다.

마이클 싱어의 〈될 일은 된다〉라는 책이 있다. 여기에 "내맡기기"라는 단어가 나오는데, 나의 의지력만으로 되지 않는 일이 있다고 생각한다. 안 될 일이어서 안 된 것이다. 그런데 주의사항이 있다. 이것은 내가 후회하지 않을 만큼 최선을 다했을 때 해당한다. 어떠한 사람은 긍정적인 마인드라며 "어떻게 되겠지"라는 표현을 하는 것을 본 적이 있다. 그것은 긍정적인 것이 아니고 무책임한 것이다. 그러니 현명한 긍정적 마인드가 필요하다.

세 번째는 미루지 않는 빠른 행동력이다. 머리로는 이해가 되었지만 몸이 이해가 되지 않아서 인지 보통의 사람들은 미루기를 좋아한다. 물론 미뤄야 할 일도 있겠다. 그런데 목표를 설정하고 하는 일이라면 하루라도 빨리하는 것이 좋다.

왜냐하면 어차피 완벽히 준비해서 시작할 수 있는 일은 없고, 완벽히 준비했다고 생각해서 실행하더라도 시행착오를 겪기 때문이다. 특히나 영업은 머리로 하는 것이 아니고 발로 하는 것이다. 전문지식으로 무장하고 긍정적인 마인드를 장착하였다고 하더라도 결국 실행하지 않으면 성공이든 실패든 결과는 얻을 수가 없다.

나 자신을 믿고 좋은 자세를 가지고 있는가? 내 직업에 대한 좋은 자세를 가지고 있는가? 동료와 상사를 대할 때 좋은 자세를 가지고 있는가? 고객을 대할 때 좋은 자세를 가지고 있는가? 에 대해 늘 생각하자. 성공의 길은 저절로 열리지 않으며, 찾는 자에게 열리게 될 것이다.

확신의
3가지 힘을 가져라

　늘 해오던 일 또는 익숙한 일을 그만하게 되고, 새로운 일을 시작한다는 것은 누구에게나 두려운 일이다. 왜냐하면 확신이 없기 때문이다. 확신만 있다면 누가 시작하지 못하겠는가? 그래서 도전이란 너무 어려운 것이다.

　아무 일도 하지 않으면 아무 일도 일어나지 않는다는 말이 있지 않은가? 아무 일도 하지 않으면 크게 성공하지도 않겠지만 실패할 일도 없다. 그렇다고 아무 일도 하지 않은 것이 나쁘다고 생각하지는 않는다. 사람에 따라 각자의 성향이 있는데 굳이 롤러코스터 같은 삶을 모두가 선택할 필요는 없다.

　확신이라는 것이 무엇일까? 결국 믿음이다. 새로운 일을 시작했다면 그것이 잘 될 것이라는 믿음으로 해 나가면 되는 것이다. 나 역시 마찬가지 였다. 생전 관심도 없던 보험업에 들어와서 그것도 개인고객이 아닌 기업고객을 만나야 하는 법인영업이라는 것을 하면서 확신이 있어서 시작했겠는가?

현장에서 많이 듣는 말 중에 하나가 "확신만 있으면 바로 시작할 텐데요"이다. 나는 다르게 생각한다. 확신이 없어서 시작을 못하는 게 아니라 시작을 못하기 때문에 확신이 없는 것이다. 일단 해보자. 당연히 내가 하고자 하는 분야를 공부도 해야 하고, 노력도 해야 한다. 그렇기 때문에 반드시 데드라인도 필요하다. 언제까지는 적어도 내가 성장을 해내겠다는 기한 말이다. 자기 확신은 선천적으로 갖고 태어나는 것이 아니고 후천적으로 만들어 지는 마음가짐이자 태도이다. 자기 확신이 있는 사람은 아래와 같은 특징을 지닌다.

첫 번째, 자신을 있는 그대로 바라볼 줄 안다. 한 마디로 자신감이 있다. 그런데 자신감은 높은 자존감에서 온다. 자존감이 높으면 나의 강점과 약점을 비교적 잘 알고 있으며, 강점에서는 자신감으로 나타나고, 약점에서는 솔직함으로 표현된다. 어떻게 모든 것을 다 잘 할 수 있겠는가? 약점을 창피해 하거나 숨기지 말고 진정으로 도움받기를 요청하면 더 성장할 수 있다.

두 번째, 자기통제가 가능하다. 자기 확신이 있는 사람은 스스로를 통제할 줄 안다. 어떠한 문제가 발생했을 때 그 즉시 가능하다는 말은 아니다. 시간이 필요하더라도 결국 감정을 통제해 내는 것이다. 그렇다고 분노나 고통 불안이 없다는 것은 절대 아니다. 사람의 심리라면 좋은 일이 생기면 기쁘고, 나쁜 일이 생기면 분노하는 것이 당연하다. 다만, 자기통제가 가능하지 않다면 이것은 의미도 가치도 없는 감정 낭비와 시간 낭비가 된다. 특히 분노는 다른 사람을 벌주는 데에 나의 에너지를 소모 시킬 뿐이다. 비즈니스에서 또는 인간관계에서 승자는 결국 분노를 다스릴 수 있는 자기통제가 가능한 사람이 되게 된다.

세 번째, 타인과 관계를 맺는 데 있어 주체적이며 동등하다. 도움을 줄 수 있는 것은 주며, 반대로 도움받아야 할 부분은 요청한다. 그러나 자기 확신이 없는 사람은 관계 속에서 자신의 부족함만을 채우려 한다. 상대에게 진심으로 다가가기보다 이로운 점만을 취하려 일부러 접근하고, 거짓과 위선으로 상대를 대하기도 한다.

나는 사람과의 관계를 무척 소중하게 생각한다. 내게 피해를 준 것 같아 화가 나는 경우도 있지만 결국 이해하고 받아들인다. 주변에서 본다면 마치 내가 더 손해 보는 것처럼 보일 수도 있다. 그러나 부정적 사건에 나의 에너지를 낭비할 필요가 없기 때문에 가치가 없다고 판단하여 몰입하지 않는 것 뿐이다. 나와 인연이 되어 같이 손을 잡게 되었다면, 상대방이 먼저 배신하지 않는 한 나는 절대 먼저 손을 놓아 본 적이 없다.

주의해야 할 것도 있다. 확증편향이라는 말을 들어보았을 것이다. 확증편향은 자신의 신념과 일치하는 정보는 받아들이고 신념과 일치하지 않는 정보는 무시하는 경향을 의미한다. 결국 내가 보고 싶은 것만 보고 듣고 싶은 것만 듣는다는 말이다. 자기 확신이 너무 있어 확증편향 하게 되면 성장하지 못하고 자만심이 될 수 있다. 자만은 곧 교만이 된다. 명심할 필요가 있다.

어떠한 일을 시작함에 있어 확신이란? 일의 성공에 대한 확신보다는 나에 대한 확신이다. 나는 내가 제일 잘 안다. 내가 어떠한 성향의 사람인지 생각해보고, 새로운 일을 시작할지 아니면 그동안 해오던 일을 유지할지 결정하면 된다. 모든 시작과 확신은 "나"로부터 나온다.

더
노력하라

사업실패 이후 불면증으로 꽤 오랜 시간 힘들었다. 수면제를 먹지 않으면 잠을 잘 수가 없었다. 약을 끊으려고도 했지만, 수면제를 먹지 않으면 운전 중 위험했던 적도 있어 끊을 수 없었다. 불면증에 좋다는 차나 음식은 이미 많이 마시고 먹어도 보았고 제품이나 보조제도 먹어 보았다. 그런데 근본적인 해결은 어려웠다.

2021년 국민건강관리공단 기준에 따르면 우리나라에서 불면증으로 고생하는 사람은 3명중 1명이 된다고 한다. 생각보다 많은 사람들이 불면증으로 고통을 받고 있으며 가장 큰 이유는 만성화된 우울이나 심리적인 요인이 증가했기 때문이다.

불면증에서 자유로워진 것은 그리 길지 않다. 하지만 현재는 수면제나 수면유도제 또는 제품이나 보조제의 도움을 받지 않고도 잘 자고 있다. 잘 자기 위해서 할 수 있는 모든 노력을 시도했다. 병원에서는 카페인 섭취를 하지 말고 충분한 휴식을 취하며, 걷기가 도움이 되니 꾸준히 해보라고 했다.

별로 어려운 일이 아닌 것 같은데 왜 못했을까? 생각해보니 습관 때문이었다. 걷기는 산책을 하기 때문에 꾸준히 하고 있었는데 왜 불면증이 사라지지 않았을까? 생각해 보니 카페인 섭취하지 말기와 충분한 휴식이 병행되지 않았기 때문이었다. 그래서 시작 데드라인을 정하고 커피를 안 마시기로 했다. 최대한 여유가 생길 때마다 충분한 휴식을 하도록 했으며, 걷기는 더 열심히 했다. 당연히 바로 잠을 잘 잘 수 있었던 것은 아니지만 6개월쯤 지나니 비교적 잘 잠들 수 있게 되었고, 계속해서 더 좋아졌다. 하지만 지금도 최대한 같은 루틴을 유지하려고 노력하고 있다.

새로운 일을 시작할 때 많이 묻는 질문 중에 하나가 "얼마나 하면 될까요?" "얼마나 노력하면 될까요?"이다. 성공한 사람들이 빼놓지 않고 강조하는 것 중에도 역시 "노력"이다. 대부분 조금만 열심히 하다 보면 이런 생각을 한다. "이 정도면 된 것 같은데?" "나름대로는 최선을 다했는데?" "이 정도면 충분하지?" 그리고는 자신의 노력에 스스로 만족하고 안주한다.

이 "얼마나"의 기준을 어떻게 정할 수 있을까? 생각보다 단순하다. 나의 노력이 결과로 나왔다면 된 것이다. 그러니 3개월이 될 수도 있고, 1년이 될 수도 있고, 그 이상이 될 수도 있다. 과정 없이 결과 없고, 영업은 특히 결과로 증명해야 하는 일이라 더 냉철하다. 정말 열심히 노력했지만 결과가 없다면 인정받지 못하는 것이 안타깝고 슬프지만 현실이다.

나는 법인영업을 시작하고 10개월 동안 보험실적이 없었기 때문에 10개월 동안 노력했다. 그럼 지금은 노력을 안 해도 될까? 그렇지 않다. 법인영업을 시작하고 했던 노력이 1단계로 10개월의 물리적인 시간이 들어갔다면, 나의 자리와 위치가 바뀔수록 지금은 노력 2단계 그리고 3단계로 올라가고 있고, 노력의 방향성이 달라지고 있는 것이다.

처음에는 영업을 잘하고 실적을 내기 위한 공부와 활동성에 대한 노력이라면 지금은 리더의 자리에서 더 나은 리더가 되기 위해 그 동안의 노력에 추가하여 다른 노력을 더 하고 있다. "좋은 리더가 되려면 어떻게 해야 되는 것인가?" "말은 어떻게 해야 할까?" "행동은 어떻게 해야 할까?" "어떤 것을 서포트 해야 할까?" 등을 공부하고 생각한다. 결국 얼마나 노력 했는가는 나 혼자 만족하는 노력이 아니다.

조금 더 쉽게 설명해 보자면, 법인영업을 하기 위해서는 기업 분석을 할 줄 알아야 하는데 당시 외부교육에서 만났던 좋은 성과를 내는 분께 질문을 한 적이 있었다. "도대체 기업분석은 몇 개를 해 봐야 이렇게 보자마자 알 수 있을까요?" 그랬더니 그 분은 "나는 하루에 최소한 5개씩은 봤을걸요? 일주일에 최소 20개 이상 봤지"라고 하셨다.

그래서 혼자 목표 수치를 정하고 나는 최소한 일주일에 30개씩은 보겠다고 다짐했다. 20개씩 보셨다고 하니 나는 10개씩 더 연습한다면 더 빨리 잘 할 수 있게 될 것이라고 생각 했다. 실제 평일에 30개를 못 채운 날은 주말에 다 채워서 30개를 맞췄고, 그보다 더 보는 날이 많았다.

"얼마나 노력했는가?"에서 '얼마나'는 객관적으로 남들보다 더 많은 노력을 했는가다. 나 또한 아무것도 몰랐고 피나는 노력으로 비교적 법인영업이라는 분야에서 빨리 자리를 잡을 수 있게 되었다.

노력이란 결국 계속 해서 반복하는 것이다. 이 정도면 됐지 라고 스스로 규정하는 순간 도태될 수 있으니 단계를 올려가며 우상향 할 수 있도록 지속적으로 노력하자.

영혼까지
다 바쳐라

"영업이 왜 어려울까?"하고 물어보면 "만날 사람이 없다"고들 한다. 바로 고객을 찾는 것이 어렵기 때문이다. 나 역시 그러했다. 보험 세일즈에서 개인 고객을 대상으로 하는 영업이라면 가까운 지인에게 도움을 청하여 결과를 만들어 볼 수도 있지만, 기업 고객은 그렇지 못하다. 그리고 나의 주변에는 기업을 운영하는 지인도 없었다. 아무리 열심히 공부를 하고 준비를 했다고 한들 만날 사람이 없다는 것은 두렵고 힘든 일이다.

처음에 법인영업을 시작하고 알게 된 여러 선배님들에게 묻기도 했다. 고액 계약을 받는 일이라고 해서 시작을 했는데 언제쯤이면 계약을 받을 수 있게 될까요? 그 때 대부분 이런 답이 돌아왔다. "법인영업은 계약이 잘 안 나와

요, 그러니 단단히 각오해야 할 거예요. 그리고 이제 신입인데 대표님들이 만나고 싶기나 하겠어요? 입장을 바꿔서 생각 해봐요. 요즘 경력자들도 돈 벌기 힘들어요, 경쟁이 너무 치열해서 다른 일을 찾는 사람들도 많고" 이제 시작하는 신입의 입장에서 멘탈이 흔들리지 않을 수 없었다.

도대체 어떻게 고객을 찾아야 할까? 법인영업도 DB를 구매할 수 있다. 처음에 당연히 구매도 해보았다. 그런데 한 개당 가격의 구매비용이 상당했기 때문에 부담이 아닐 수 없었다. 디비를 적지 않게 구매해도 계약이 나온다는 보장이 없으니, 그 조급함을 숨기기도 힘들었고, 숨긴다고 했어도 고객이 눈치로 알았을 것 같다. 그러나 더 큰 문제는 고객을 만나도 상담에 능숙하지 못해서 어려움이 컸다. 어렵게 미팅을 정하여 만남의 자리에 갔으나 공부해서 익힌 이론적인 지식만으로는 원활한 상담이 어려웠다.

그럼 결국 상담스킬도 연습이 많이 필요할 텐데 도대체 어디 가서 연습을 해야 한단 말인가? 대표님을 만나야 하는 일이다 보니 이 또한 여간해서 어려운 일이 아니었다. 그 당시 소속된 회사에서 매주 1회씩 교육을 진행했다. 어느 날 교육에서 고객을 창출하는 방법 중 "돌방"이라는 것에 대해서 들었다. "돌방"은 별도의 약속 없이 무작정 고객을 찾아서 현장으로 나가 영업하는 것을 말한다.

일단 해보자고 생각하고 바로 실행에 옮겼다. 주로 제조업을 운영하는 기업고객을 많이 만나야 했기 때문에 수도권의 공단지역으로 다녔다. 인천 남동공단, 경기 시흥공단, 안산공단 등을 다녔다. 직접 세일즈를 해본 경험이 없었기 때문에 이것이 얼마나 어려운 일인지를 현장에 가보고 나서야 알게 되었다.

공단 주위 대로변에 주차를 하고 바로 깨달았다. 차마 들어갈 수가 없었던 것이다. 마음을 굳건히 먹고, 갔지만 차에서 도무지 내릴 수가 없었다. 그렇게 5일을 같은 곳에 갔는데 단 한 개의 기업에도 들어가지 못했다. 그때 마음 한 편에 이런 생각이 들었다. 내가 그래도 선생님, 강사님, 교수님, 대표님 소리 듣다가 이것이 과연 사람이 할 일인가? 도저히 창피해서 할 수가 없었다. 주말을 보내면서 생각을 정리했다. 그럼 이 일을 그만 둘 것인가? 이제 시작인데, 데드라인이 너무 많이 남았는데 시작도 못해보고 그냥 포기해야 하는가? 그리고는 다시 마음을 다잡았다. 왜냐하면 먹고 살아야 했기 때문이다.

교육 내용을 차분히 다시 생각해 보니, 포브스라는 경제잡지를 사용했다는 것이 떠올랐다. 그래서 문의를 하여 포브스 책자를 구매해서 들고 다시 시작했다. 그래도 손에 뭐라도 들려있으니 한결 나은 것 같은 느낌이 들어 발걸음이 조금 가벼워졌다. 그러나 당연히 출입문 입구부터 난관이었다. 약속도 안 되어 있는데 나를 기업으로 들어갈 수 있도록 해줄 리가 없지 않은가? 몇 번의 거절을 당하다가 어느 날 우연히 한 기업에서 있었던 일인데, 대표님께서 출근하시다 나를 보았다.

"무슨 일입니까?"라고 물으셨다. 대표님을 만나러 왔다고 하는데 약속은 안 되었다고 해서요. 라고 경비원께서 대답하니 대표님께서는 내게로 오셨다. "왜 나를 만나러 오셨나요?"하셨는데 기회를 놓칠 수가 없어 바로 이렇게 말했다. "대표님께서 기업을 경영하시는 데 반드시 도움 되는 정보라서 꼭 알려드리고 싶어서 왔습니다"라고 대답했다. 심장이 터질 것 같았고, 이미 내 귀에서 심장이 뛰는 것 같은 느낌이었다.

"그래요? 그렇다면 어디 들어나 봅시다. 들어오세요!"라고 하셨다. 그리고는 들어가서 첫 마디를 이렇게 시작했다. "지금 제가 드리는 이 책은 포브스지입니다. 대표님 아시지요? 여기에는 성공하신 사업가의 인터뷰가 실려 있습니다. 대표님께서도 곧 책자에 나오실 것 같아서 제가 미리 준비해 보았습니다."하며 전달을 해드렸다.

지금 생각해보면 어떻게 저런 말을 했을까 싶은데 당시 나는 앞 뒤 가릴 처지가 아니었다. 뻔한 멘트였지만 어찌되었든 대표님께서는 기분 좋아하셨다. 완전 초보인 내가 그 자리에서 얼마나 기업을 경영하시는 데 반드시 도움 되는 정보를 전해 드렸겠는가? 사실 뭐라고 말을 했는지도 기억이 나지 않을 정도로 횡설수설하고 나왔다.

어찌되었든 그렇게 한 번 큰일을 치루고 나니 다음번에는 조금씩 용기가 더 생기기 시작했고, 당연히 문전박대도 많이 당했지만 공부해서 얻은 지식을 실전에서 연습을 해가며 나의 실력을 쌓아 나갈 수 있었다. 그렇게 한동안 계속해서 다녔다.

당장 계약으로 이어지지 않더라도 계속했던 이유는 나를 만나준다는 대표님만 있다면 얼마든지 공부가 되고 현장 상담 연습이 된다고 생각했기 때문이다. 그렇게 다니면서 알게 되었던 대표님 한분께 꾸준히 연락을 드렸고, 3개월쯤 지나 정식으로 방문을 드리기 시작하고 컨설팅을 수임하게 되었으며 현금수수료로 3천만 원의 계약을 하게 되었다.

모든 게임에서 죽으면 끝나는 것이다. 비굴할 수도 있고, 처절할 수도 있다. 그러나 일단 살아남아야 기회가 온다. 죽지 않으려면 남들이 하는 일은 무조건 해봐야 하고, 남들이 하기 싫어하는 일도 해야 하며, 나만의 방법으로 어떤 식으로든지 만들어내야 한다. 특히 내가 지금 새롭게 시작하는 신입의 상황이라면 핑크빛 세일즈는 꿈도 꾸지 말자. 따끔거리는 가시밭길이라 하더라도 계속 걸어가면 굳은살이 생기게 된다. 그러면 결국 꽃길을 걸어갈 수 있을 것이다. 혹시 어쩌다, 시작하자마자 내 능력과 상관없이 운이 좋게 계약을 체결하게 될 수도 있다. 그런 상황이 왔다면 매우 감사하게 생각하고, 나태해지지 않도록 더 스스로를 단련하길 권한다. 그래야 살아남을 수 있다. 세일즈는 누구나 시작할 수 있지만 아무나 성공할 수 없다고 말하는 데는 이유가 있다. 그만큼 정착하기가 어려운 일이기 때문이다. 영혼까지도 갈아 넣겠다는 각오로 임하지 않으면 치열한 경쟁에서 승리할 수 없다. 적어도 내가 정해놓은 데드라인 안에서 미련도 남지 않고 후회도 남지 않을 만큼 최선을 다해보자.

2부
어떻게 하는가?

실천하는 지혜

그라운드를 파악하라 당당하게 소통하라 간접경험으로 전문가가 되라 첫 마디 말과 행동으로 분위기를 결정하라 문제가 생겼다면 핵심을 파악하라 진정한 기버가 되라 고객을 주인공으로 만들어라 더 쉽게 설명하라 리액션을 잘하고 센스있게 행동하라 상대방의 체면을 세워주라 단점을 알려서 장점을 부각하라 동의의 마법을 활용하라 미루지 말고 실행하라 나만의 루틴을 만들어라 멘탈을 관리하라

그라운드를
파악하라

장기 게임을 한다고 생각해 보자. 바둑판을 펼쳐놓고 그 게임을 할 수 있겠는가? 그렇지 않다. 왜냐하면 장기판과 바둑판은 생긴 모양 자체가 다르기 때문이다. 장기 게임을 하려면 장기판을 사용해야 하고, 바둑 게임을 하려면 바둑판을 사용해야 한다.

그런데 비즈니스 게임을 시작하는 사람들 중에 본인이 하려는 게임이 정확히 어떤 그라운드인지, 즉 어떠한 환경에서 진행되는지 알아보지 않은 상태로 무작정 시작하는 경우가 허다하다. 나는 비즈니스 중에서도 세일즈를 하고 있다. 모든 세일즈는 필드에서 펼쳐진다. 이 말은 책상에 앉아서 공부만 하고 책상에서 해결할 수 있는 세일즈란 없다는 뜻이다.

입사 미팅을 하면서 가끔 이런 사람을 만난다. 나를 찾아보고 왔다면 적어도 내가 하는 일이 세일즈라는 것은 당연히 알고 있을 것이고, 나와 일을 하면 세일즈를 해야 한다는 것쯤은 기본적으로 알고 있을 것이다. 그런데 미팅 자리에서 본인은 사람 만나는 일이 너무 싫고, 어렵다고 말하면 어떻게 해야 할까? 이는 자신은 세일즈 업계에서 일하기에 적합하지 않다고 토로하는 것이나 다름없다. 내가 일하고자 하는 분야가 어떤 그라운드에서 펼쳐지는지 반드시 파악하자.

비즈니스의 구조는 대부분 삼각형 형태를 이루고 있다. 대다수가 맨 아래 가장 넓은 곳에서 경쟁을 하고, 그 다음은 중간 지점에서, 그리고 제일 꼭대기로 올라갈수록 소수만이 남게 된다. 가장 넓은 곳에서 경쟁을 하면 고객이 많아 좋을 것 같지만, 그 만큼 다수가 포진해 있기 때문에 경쟁은 매우 치열하다.

하위 80%에서 같이 경쟁을 하는 것보다 상위 20%에서 경쟁을 한다면 성공할 확률이 더 높아진다는 말이다. 그러기에 나의 그라운드를 점점 상위권으로 올릴 수 있도록 해보자. 전체결과의 80%를 상위 20%가 낸다는 의미의 "파레토의 법칙"을 예로 들 수 있다.

보험 세일즈를 예로 든다면, 일반 설계사로 시작하여 팀장, 지점장, 본부장 또는 사업단장인 대표에 이르는 구조를 가지고 있다. 모든 세일즈는 보통의 직장생활과는 차이가 있다. 왜냐하면 직장생활에서는 아무리 나의 능력이 뛰어나다고 하더라도 그 직급의 체계를 빠르게 올라가는 것이 현실적으로 어렵다. 업무 능력도 중요하지만, 근무년수를 포함하여 사규를 충족해야 하기 때문에 보편적으로 계단을 오르듯 차근차근 올라가게 되는 경우가 다수이다.

하지만 세일즈는 다르다. 당연히 기본적으로 정해진 영업규정이 있지만, 가장 많이 차지하는 비중은 바로 실적과 증원이다. 일반 설계사로 시작하여 최상위 관리자로 올라가는 데 까지 정해진 기간이 없다는 말이다. 본인이 가진 역량에 따라서 그 기간을 최소한으로 줄일 수가 있다.

세일즈에서 대부분의 실적평가는 분기 단위로 이루어진다. 그럼 일반 설계사로 시작하여 팀장으로 승격하는 데 3개월이 필요하고, 지점장으로 승격하는 데 3개월이 필요하다. 나는 지점장에서 본부장으로 승격하는 데 3개월 걸렸다. 사실 드문 경우이고, 쉽지 않은 일이다. 매우 열심히 일한 것이 사실이지만, 운도 좋았다고 생각한다. 결국 본인의 역량을 최대치로 이끌어 낼 수 있도록 하는 것이 관건이고, 그러려면 본인과 잘 맞는 제대로 된 그라운드 선택이 필요하다.

그럼 역량은 어떻게 키울 수 있을까? 어떤 분야든지 가장 믿을 수 있는 정보는 내가 직접 해본 경험이다. 아무리 좋은 교육과 트레이닝을 받는다고 하더라도 자신이 일할 분야에 직접 뛰어들어 경험해 보는 것보다 정확한 지식을 얻을 수는 없다. 이를테면 보험 세일즈도 이론적인 교육이 많이 필요하고 공부해야 할 분야가 상당히 많다. 그런데 간혹 이런 경우를 본다.

아직 공부가 부족한 것 같아서 더 완벽히 숙지가 되면 현장으로 나가겠다는 것이다. 좋은 자세인가? 아닌가? 나는 아니라고 생각한다. 기본적인 공부는 반드시 해야겠지만, 내가 현장에서 경험해 본 결과 절대로 완벽할 수 없고, 내가 준비한 대로 현장은 흘러가지 않는다. 그러니 어느 정도 준비가 되었다면 현장으로 나가서 직접적인 경험을 하며 배우는 것을 추천한다.

돈을 버는 데 성공한 대부분의 사람들은 결국 행동력의 차이에 있었다. 대부분이 듣고 보고 배우고 거기서 끝나기 때문에 성공에 가까이 가기가 어렵다.

역량을 키우려면 먼저, 내가 몸담고자 하는 세일즈 분야에서 정확히 어떤 일을 해야 하는지 적극적으로 알아보자. 세일즈의 종류는 매우 다양하다. 눈에 보이는 유형의 상품을 판매할 수도 있고, 반대로 눈에 보이지 않는 무형의 상품을 판매 할 수도 있다. 요즘은 인터넷 검색을 통해서도 쉽게 확인이 가능하고, 관련 서적을 읽거나 관련 강의를 들어보는 것도 추천한다.

나는 법인영업이라는 것을 하기로 결정하고 많은 정보를 찾아보았다. 법인영업이란 정확히 무엇을 하는 것인지? 법인영업 교육은 어디서 들을 수 있는지? 법인영업으로 고액연봉 가능한지? 법인영업으로 성공한 사람은 누가 있는지? 법인영업의 교육비용은 얼마가 필요한지? 등을 검색해 보았고, 관련 서적을 사서 보기도 했고, 교육 특강도 들어보고, 성공한 영업인이 하는 강의도 들어보기도 하였다.

그런데 너무 많은 정보를 찾다 보니 결정하기가 쉽지 않았고, 법인영업을 가르쳐 준다는 교육기관 또한 많은 곳이 있었기 때문에 어느 곳이 잘하는 곳 인지도 솔직히 헷갈렸다. 그래서 나만의 기준을 세우기로 했다. 무엇인가 결정하기가 힘들 때면 심플하게 기준을 정하는 편이다. 그 때 나는 두 가지 기준을 정하였다.

첫 번째는 교육비가 상식적인 수준인가였다. 법인영업이라는 이름으로 진행되는 교육의 비용이 천차만별이다. 유료 중에서도 그 비용 차이는 꽤 큰 편이었고, 무료 강의도 꽤 있는 편이었다. 무료교육은 당연히 본론을 습득하는데 한계가 있었고, 유료교육은 커리큘럼이나 후기 등을 참고하였다. 여러 교육기관을 검색한 후, 수긍이 가능한 수

준의 교육비를 나름대로 정하였고, 그 범위를 넘는 교육기관은 제외하기로 하였다.

두 번째는 교육을 진행하는 강사가 현재 현업에서 일을 하고 있는지 여부였다. 나는 이전 디자인 업에서 꽤 오랜 시간 강의를 하였다. 그러나 강의만 하지 않고 디자인회사를 운영하며 주문 제작도 계속해서 병행하였다. 바로 현장의 트렌드나 흐름을 놓치지 않기 위해서였다. 지금 그 현업에 종사하지도 않으면서, 2-3년 일해 본 경험으로 교육만 하여 지속적으로 수익 창출을 하는 것은 모순이 있다고 본다.

그리하여 기준에 맞는 교육기관을 찾아 교육을 들었고, 그렇게 법인영업이라는 그라운드에 발을 들여놓게 되었다. 지금 새로운 도전을 하기 위한 그라운드를 탐색 중이라면 나만의 기준을 정해보자.

그라운드에 진입하기 위해 나에게 필요한 것은 무엇인가? 어떠한 기준으로 필요한 지식과 교육을 선택해 습득할 것인가? 너무 많은 기준을 정해도 결정하기가 어려우니 나의 경우처럼 가장 중요하게 생각하는 두 가지 정도의 기준을 정하고, 진입하고자 하는 그라운드에 대해 파악해 보자.

당당하게
소통하라

　예전에 한 수험생에 관한 기사를 읽었다. 그는 자신이 어떻게 공부하고 있는지 블로그에 기록하며 알렸다. 매일의 목표를 쓰고, 그 목표를 달성하였는지 어디가 부족하였는지, 잘한 점은 무엇인지를 글로 남기고 알리며, 점검도 하고 스스로 동기를 부여했다. 그런데 그 글에 댓글이 달리기 시작했다. '그럴 시간이면 영어 단어를 하나 더 외우라'는 식의 불편러가 남긴 글이었다. 물론 이는 틀린 말이 아닐 수 있다. 그렇게 블로그에 글을 쓸 시간에 영어단어를 더 외울 수도, 수학 공식을 더 외울 수도, 또는 부족한 잠을 더 자는 것이 나을 수도 있겠다. 하지만 결국 목표 실행의 과정을 다수에게 알림으로 포기하지 않을 수 있다. 또한 점검해가면서 더 나은 방법을 찾기 위해 서로의 의견을 공유하고 소통이 가능하다. 그러한 수단으로 말을 하거나 기록하는 것은 괜찮은 방법이다.

말은 의사소통을 위해서만 필요한 것이 아니다. 지금 어떠한 목표를 세웠다면 혼자 생각하지 말고, 당당하게 알려보자. 사람들 대부분이 알리지 못하는 이유는 정확한 목표가 없거나 아니면 괜히 알렸다가 성공 못하면 어쩌나 하는 생각이 들어서이다. 나 역시 그렇다. 그건 사람이라면 당연하지 않겠는가? 하지만 보는 사람이 많아져야 억지로라도 하게 되고, 게을러지고 싶더라도 하게 된다.

설령 당당하게 말하였으나 이루지 못하였어도, 체면이 깎이거나 실패한 것으로 생각할 필요는 없다. 다시 도전하면 되고, 결국 성과를 내면 된다. 그러니 본인이 하는 말을 100% 확신하고 당당하게 알리자. 나는 법인영업을 하기 위해 그 당시 소속했던 회사에서 교육을 받을 때 해당 강의 교육강사에게, 시간이 걸리더라도 반드시 월납 1천만 원 계약을 받겠다는 다짐을 알린 적이 있다.

아마도 그는 대수롭지 않게 생각했을 수 있다. 월납 1천만 원 계약은 보험 세일즈에서 오랜 시간 일했다고 하더라도 쉬운 일은 아니기 때문이다. 단 건 계약으로 월납 1천만 원 계약은 여간해서 하기 어렵다. 사실 그 당시 보험 세일즈 초보였던 나는 그것이 어떤 의미인지도 모르고 말하였고 알렸던 것 같다. 알았다면 오히려 알릴 수는 없었을 것 같은 생각이 든다.

시간이 어느 정도 지난 뒤 월납 1천만 원 계약을 받게 되었을 때, 그 당시 교육을 진행했던 그는 내가 보냈던 문자 메시지를 캡처하여 다시 내게 보내주었던 적이 있다. 그 때 꼭 계약을 받겠다고 하더니 진짜 계약을 받게 되었으니 축하한다는 말을 덧붙였다. 나 역시 좋은 교육 덕분이고 귀찮을 만큼 많은 질문을 드려도 답변을 해주셔서 감사하다는 답장을 하였다.

원하는 것을 얻으려면 어떻게 해야 하는가? 당당하게 표현하고 알려야 한다. 그리고 조직 생활을 하고 있다면 의도하지 않았어도 당연히 의견 불일치가 있기 마련이다. 그런데 그때 의견을 정확하고 당당하게 말하지 않고, 혼자 왜곡해서 해석하고 뒷담화로 말하는 습관이 있지 않은지 나 자신을 살펴보자. 혹시 그렇다면 빨리 고치는 연습을 해야 한다. 그것은 사회생활을 하며 관계를 맺어나가는 데 본인에게 어려움이 될 것이다.

특히나 아직 신입사원의 입장에 있다면 혹은 영업이 잘 안되는 상황에 있다면 어떤 점이 어려운지, 무엇이 잘 안되는지 혼자 생각하지 말고 상사에게, 동료에게 당당하게 알리기를 권한다. 그래야 가장 좋고 적절한 방안을 찾을 수 있다. 간혹 이런 말을 듣는다. "바쁘실 것 같아서 말씀드릴 수 없었습니다" 맞다. 모든 관리자와 리더는 대부분 바쁘다. 하지만 그건 신입사원이 걱정할 일이 아니다. 너무 바빠 오늘 소통을 못했다면 내일이라도 소통을 할 수 있다.

나는 법인영업에 입문하고 제대로 된 도움을 받아본 적이 없다. 그 당시 소속된 회사에서 영업에 필요한 교육을 해주긴 하였지만, 생전 처음 경험하는 보험업이었고, 법인영업이라는 분야에서 어떻게 목표를 설정하고 나아가야 하는지를 알려주는 사람도 없었으며, 딱히 물어볼 만한 사람도 없었다.

다행스럽게도 이미 짧지 않은 사회생활 경력이 있었고, 분야는 달랐지만 결국 사업의 아이템만 달라졌을 뿐이라고 생각하며 그동안 해왔던 방식으로 혼자 목표를 세웠고, 그 목표를 세분화하는 연습을 하였다. 세분화된 목표를 이루려면 어떻게 해 나가야 하는지, 오로지 혼자 견뎌내야 했다.

요구사항을 감추고 있으면 안전하게 느껴진다. 그리고 원하는 바를 말하지 않으면 실패할 염려도 없다. 그러나 성공할 수도 없다. 거부당할까 혹은 거절당할까 겁내지 말고 원하는 것을 당당하고 분명하게 알려보자. 말하는 대로 살게 되고 말하는 대로 이루어진다. 이것이 익숙해질 때까지 계속해서 반복해 보자. 그러면 당당하게 알리게 된다.

외부에서 법인교육을 진행할 때 교육생 한 분께서 속상함을 토로한 적이 있다. 그는 개인고객을 만나는 개인영업을 하고 있었고, 업적의 향상을 위해 법인교육을 듣는 것이라고 하였다. 그런데 같이 일하는 동료가 법인영업 아무나 하는 거 아니라며, 하던 일이나 잘하는 것이 차라리 낫지 않겠냐며 그럴 시간에 영업을 더해 차라리라는 말을 했다는 것이다. 그래서 마치 자신을 무시하는 것 같아 속상하다는 말이었다.

그 말을 한 사람의 정확한 뜻은 알 수 없지만, 법인영업은 해보지 않았기 때문에 단순히 어려워서 라고 생각되었기 때문일 수도 있고, 아니면 정말 그 교육생을 염두하고 했던 말일 수도 있을 것이다. 그래서 나는 두 가지를 조언했다.

하나는 그럴수록 더 목표를 세우고 최선을 다해 몰입하여 성과를 내는 것만 생각하고, 다른 하나는 그 사람과 가까이 하지 말라는 것이었다. 교육이 끝난 이후 더 이상의 소통은 없어서 그 교육생은 어느 쪽에 가까워졌는지는 알수는 없다.

혼자 생각한다면 오류에 빠질 확률이 높다. 결정은 물론 당사자가 하는 것이다. 어떤 결정을 하더라도 그 순간까지 힘들다고 포기할 것이 아니고, 당당하게 알리는 것이 내가 새로 시작하고 도전하는 일에서 더 빨리 성공을 가져다주게 될 것이다.

간접경험으로
전문가가 되라

브라이언 트레이시 작가의 〈판매의 심리학〉에 보면 "암시의 힘" 파트가 있다. 사람은 암시적인 요소에 큰 영향을 받는다. 마음속에서 목표를 반복적으로 그려보면 그것이 잠재의식에 작동해 그 꿈속의 장면을 실현하게 된다. 암시적인 요소는 매우 다양하다. 외부환경, 주변사람들, 내적 환경, 긍정적이고 활기찬 모습, 사전준비, 옷차림, 정리정돈, 걸음걸이, 적절한 인사법, 바른 자세, 긍정적인 마인드, 정중하고 예의바른 태도 등이다.

세일즈를 시작하고 판매의 심리학을 읽었다. 이미 읽었던 론다 번 작가의 〈시크릿〉과 같은 맥락이라고 본다. 책에는 세일즈를 잘하기 위한 여러 가지 내용에 대해 서술하고 있다. 그 중에서 "암시의 힘" 파트가 가장 기억에 남는 이유는 최대한 그대로 행동에 옮겨 실천하려고 했기 때문이다. 먼저는 내적환경의 변화와 긍정적이고 활기찬 모습을 유지하고 도움이 안 되는 외부환경은 바꾸려고 했다.

고객을 만나러 갈 때에는 옷차림에 신경 쓰며 걸음걸이에 유의했고, 만나서는 적절한 인사와 바른 자세로 앉아 미팅을 준비했으며 정중하고 예의바른 태도로 보여지도록 했다. 미팅을 가기 전에는 사전준비를 최대한 철저히 하였고, 긍정적인 마인드를 가지려고 노력했다.

책을 읽음으로써 직접 경험해보지 못한 것을 실력을 높일 수 있다는 것은 놀라운 일이다. 읽고 난 후 적용하기만 한다면 빠르게 성공할 수 있게 된다. 또한 현재 잘 알고 있는 분야라고 하더라도, 책을 읽고 나면 새로운 아이디어의 발상과 지식을 얻게 된다. 새롭게 일을 시작했다면 특히 업무와 관련된 책을 많이 읽어야 한다.

내가 직접 경험해서 터득할 수 있는 것은 물리적으로 한정적이다. 그런데 책을 읽으면, 나보다 더 현장에서 오랜 시간 경험을 하여 얻은 정보를 1만 원 대 가격으로 지불하고 얻을 수 있다. 그래서 책을 통해 도움만 받는 것이 아니라 위로를 얻기도 하고 감동을 받기도 한다.

어떤 사람들은 다독을 권하기도 하고, 또 어떤 사람들은 소정의 책을 정독을 권하기도 한다. 정답은 없지만 같은 분야라고 할지라도 저자에 따라 생각이나 입장이 다르기 때문에 비즈니스를 위해서는 여러 권 다독을 하는 편이다. 한 작가의 책만 여러 번 읽다 보면 확증편향이 생기고 편협한 사고가 된다.

법인영업을 시작하고 역시 여러 권의 책을 읽었다. 그냥 읽지 않고 나름의 기준을 정하였다. 첫 번째는 자격사가 쓴 책이다. 즉 세무사, 노무사, 변리사, 회계사, 변호사가 집필한 책이었다. 그리고 두 번째는 나와 같은 컨설턴트들이 집필한 책이었다.

이처럼 책을 선택한 이유를 설명하자면, 법인컨설팅은 각종 법령이 적용되는 부분이 다수이다. 특히 그중 세법은 해마다 세법개정안이 나오고, 각 법령에도 판례에 따라 결과가 달라지기도 한다. 그럼 왜 다수의 자격사가 집필한 책을 보았는가 하면, 어떠한 사건이 발생했을 때 모든 판사가 다 똑같은 판결을 하지 않는 것처럼, 각자의 해석이 다를 수 있기 때문에 다수 의견을 참고하고, 그 중에서도 다수가 같은 해석을 말하는 것을 중점에 두었다.

그럼 나와 같은 컨설턴트들이 집필한 책은 왜 읽었을까? 이 또한 같은 솔루션이고 상황이라고 하더라도 어떻게 고객을 설득하고 전달을 하는지에 대해 더 다양하게 배우고 익히기 위함이었다. 나의 의견과 방법을 중점으로 하되 다수가 표현하는 화법을 추가하여 나만의 화법으로 만들어가려고 노력했다. 이와 같은 간접경험은 비단 책을 읽는 것만 해당하지 않고, 유튜브를 통해서 공부할 때도 마찬가지로 적용을 하였다.

책을 읽는다고 성공한다고 말할 수는 없지만, 성공한 사람들의 대부분은 책을 읽었다. 내가 시작하고자 하는 분야가 있다면 먼저 어떠한 책을 읽을지를 정하고 선정해 보자. 물론 그 책을 한 번 읽었다고 해서 책의 내용을 전부 내 것으로 만들 수는 없다. 어려운 책도 있고, 비교적 쉽게 읽히는 책도 있다.

나는 책을 읽을 때에 인상 깊은 부분은 페이지를 접어두고 해당 글귀에 줄을 쳐둔다. 그리고 다음에 볼 때는 형광펜으로 다시 한 번 칠한다. 그러면 나중에 다시 그 책을 보더라도 어디서 인상적이었는지 금방 알아볼 수 있고, 한 권의 책 내용을 빠르게 정리해 볼 수 있다.

책의 내용에 따라서 넓고 빠르게 읽기도 하고, 깊고 느리게 읽기도 한다. 각자의 성향에 맞게 읽는 것을 추천한다. 지금 하는 일이 마음에 들지 않거나, 확신이 없다면 지금 당장 도서목록을 검색해 보자. 책을 사는 것도 돈이 많이 드는 일이 맞다. 그렇지만 도서관에서 대여해서 보는 것보다 직접 사서 보는 편이다. 전부 새 책을 사지는 않고 때에 따라서 중고책을 구매하기도 한다.

책의 내용이 중요한 것이지 책의 상태가 중요한 것은 아니다. 이처럼 책을 읽으면 그 분야에 관해서 실용적이고 전문적인 지식을 얻을 수 있다. 여기서 제일 중요한 것은 이것이다. 요즘 사람들은 생각보다 자기 계발에 관심이 많고, 동기부여를 받고 성장하기를 원한다. 그런데 왜 쉽게 이루어지지 않는 것일까? 그것은 바로 읽기만 하기 때문이다.

책을 읽고 알게 된 것이 있다면 바로 행동으로 옮겨야 하고, 하고자 하는 일에 혹은 하고 있는 일에 반드시 접목해야 한다. 그래야 책을 통해 얻은 지식이 내 것이 된다. 그렇지 않고 책을 읽은 권수만 늘려가는 것은 그저 읽었다는 만족감이나 안도감에 취해 자칫 뿌듯함만으로 끝나버리게 된다.

요즘 바쁘다는 핑계로 많은 사람들이 책을 거의 읽지 않는다. 우리나라 사람들의 평균 독서량은 연간 2권정도 라고 한다. 그러면 한 달에 1권도 못 읽는 사람이 허다하다는 말이다. 예전에는 지하철을 타면 독서를 하는 사람을 그래도 찾아볼 수 있었으나 이제는 모두 손에 스마트폰이 들려 있다.

온라인을 통해 궁금증을 빠르게 해결하는 것이 익숙해졌기 때문에 더욱더 시간이 걸리는 책 읽기는 멀리 하는 것으로 보인다. 물론 요즘은 꼭 종이책이 아니더라도 전자책을 읽기도 하고 오디오북으로 듣기도 한다. 하지만 개인적으로는 종이책을 읽는 것을 선호하는 편이다.

그것을 감안 하더라도 점점 연간 평균 독서량은 줄어드는 상황이 안타깝기만 하다. 읽기는 발상의 전환이나 아이디어 얻기에 매우 유용하니 직접 경험해 보지 못한다면 간접경험을 통하여 지경을 넓히기를 바란다.

첫 마디 말과 행동으로
분위기를 결정하라

    처음 사람을 만났을 때 첫마디 말과 행동이 그 만남의 기본적인 방향을 결정하게 된다. 분위기를 좋게 한다는 이유로 농담 섞인 말과 행동으로 시작하면 웬만해서 그 분위기가 잘 바뀌지 않는다. 첫마디 말을 건네기 전에 현재 하고 있는 만남이나 미팅의 성격과 목적부터 정확히 파악해보자. 비즈니스적인 만남이라면 다소 진지하게 말과 행동을 하고, 사적인 만남이라면 격식보다는 편안한 대화가 적당하다.

    세일즈를 함에 있어 "갑과 을"을 논하는 것은 의미 없다. "갑과 을"로 구분 짓지 않고 동등한 관계라고 생각하고 말과 행동을 하는 것이 좋다. 예를 들어 본다. 고객과 약속을 정하기 위해 대화를 시작할 때, 영업인 대부분이 아래와 같이 말한다. "바쁘실 텐데 죄송해요" "바쁘시죠? 잠깐이면 되는데, 시간 많이 뺏지 않을게요." 그런데 이렇게 말하는 순간 이미 고객에게 "바쁜데 귀찮게 하는 사람" 또는 "바쁜데 내 시간을 뺏는 사람"으로 결정되고 만다.

잘 생각해 보면 그 고객이 진짜 바쁜지 안 바쁜지는 알 수 없다. 그런데 뭔가 친절해야 한다고 생각해서 넘겨짚고, 배려라고 착각해 이러한 말을 하게 된다. 이는 고객이 먼저 거절처리 하기에 좋은 구실을 준다. 만약 "네, 바빠요"해버린다면 더 이상 대화를 이어 나갈 수가 없다. 고객에게 빨리 거절하라고 말하는 것이나 다를 게 없다.

또한 죄송하다는 말로 시작하지 말고, 반갑게 인사하고 좋은 점을 제공할 수 있다는 의미로 대화를 시작해보자. "안녕하세요! 이번에 ○○님께 도움 될 만한 좋은 상품이 있어 전화 드렸는데요. 잠시 1-2분정도 통화 괜찮으시지요?"같이 말이다.

또한 "안녕하세요! 대표님. 제가 월요일 오전 8시 30분쯤에 경영에 도움 되실 만한 내용 정리해서 문자 드렸는데, 확인해 보셨지요?"와 같이 부정으로 첫마디를 시작하지 말고 긍정으로 첫마디를 시작하자. 나는 불필요하게 시간을 뺏는 사람이 아니라는 것을 표현하도록 하자. 우리는 생각보다 "죄송하다."는 표현을 불필요하게 자주 사용한다.

다음으로 많이 하는 말이 바로 "부탁한다"라는 말이다. 그런데 이 "부탁한다"는 "거절한다"를 수반할 수 있다. "안녕하세요? 고객님! 시간되실 때 ○○ 부탁 좀 드리려고 하는데요."라고 하지 말고, "안녕하세요 고객님! 잠깐이면 되니 ○○ 확인 좀 해주셨으면 합니다."하고 말해보자. 부탁은 거절할 수 있지만, 확인은 해줘야 하기 때문이다.

　'페르소나'라는 말을 아는가? 가면이라는 뜻으로 사용되기도 하는데, 정확히 말하면 가면을 쓴 인격이라고 하겠다. 쉽게 말해 자신을 표현하는 겉모습이고, 내가 지니고 있는 또 다른 자아이고 인격이라 할 수 있다.

　나는 사회생활을 시작한 이후로 경력단절 없이 현재까지 일해오고 있다. 강의도 오래 했고, 사업도 해봤고, 지금은 영업을 하고 있다. 그래서인지 표정을 관리하고, 분위기를 맞추는 것도 잘하는 편이다. 고객과의 관계뿐만 아니라 모든 대인관계에서 다 마찬가지이다. 코미디로 세팅하면 진지한 드라마를 할 수 없고, 부정으로 세팅하면 유쾌하게 만들 수 없다. 누구나 각자 내 안의 다양한 페르소나가 있기 때문에 상황에 따라 맞춰갈 수 있다.

　평소에 나는 항상 유쾌하며 밝고, 목소리는 "솔"톤이라서 많은 사람들은 내가 매우 외향적일 것이라고 생각한다. 종종 나의 MBTI를 물어보는 사람들이 있는데 "INTJ"라고 하면 아무도 믿지 않는다. 아마 보편적으로 "I"는 "내성적"

에 더 가깝고 "E"는 외향적이라고 인식하고 있기 때문이다. 일을 할 때는 타고난 성향대로 말하고 행동하기보다 프로페셔널한 이미지를 위해서 노력할 필요가 있다.

비즈니스뿐만 아니라 모든 관계에서 첫마디 말과 행동은 매우 중요하다. 나의 기분 내키는 대로 내 기분에 따라서 말하고 행동하는 것은 반드시 지양할 필요가 있다. 가면을 쓰고 속마음을 숨기라는 것이 아니고, 상대방을 배려하는 마음으로 노력하자는 의미다. 어떻게 달면 삼키고 쓰면 뱉기만 하겠는가?

어느 관계에서든 분위기를 깨거나 함부로 말하는 사람과는 같이 있고 싶지 않다. 더불어 비즈니스를 같이 해나가야 하는 파트너라면 더더욱 어렵게 된다. 상황에 따라 적절한 말과 행동을 해보자. 그러면 나를 좋아 하는 사람이 더 많아지게 된다. 거절당할 것이 뻔하거나 기분 상할 것이 뻔한 말을 반복하지 말자.

말 한마디에 천 냥 빚도 갚는다고 하였다. 되도록이면 부정적인 표현보다 긍정적인 표현을 사용하도록 하고 좋은 단어 그리고 격식을 갖추도록 하자.

문제가 생겼다면
핵심을 파악하라

목표를 설정하고 게임을 시작했다면 문제가 끼어들 틈을 주어서는 안 된다. 하지만 성공의 결과물을 얻을 때까지 무수히 많은 문제가 발생하기 마련이다. 그런데 문제를 외면하면 목적지에 도달할 수 없으니 문제의 핵심을 잘 파악해야 한다. 문제해결의 첫 번째는 문제가 무엇인지 파악하는 것이다. 정확히 어떤 문제를 해결해야 하는가? 어떤 부분이 문제인가를 알아내야 한다.

현재 세일즈가 잘 되지 않는다면, 지금 TM이 문제인가? 클로징이 문제인가? 상품이나 컨설팅이 문제인가? 어느 부분이 잘 안되는 것인지를 파악하는 것이 필요하다. 법인 영업을 시작할 때 내가 지닌 가장 큰 문제는 TM이었다. 고객을 만나기 위해 TM을 하는 것이 너무 어려웠다. TM을 아웃바운드 콜드콜이라고 보통 하는데, 평생 TM은 해본적도 없고, 사실 할 이유가 없었다. 그동안 강의를 하면서는 교육기관에서 전부 홍보를 해주고 수강생을 모집을 해주었으며, 나는 강사로 강의만 하면 되었기 때문이다.

　TM이 힘든 것은 이미 우리나라에는 시도 때도 없이 넘쳐나는 홍보용 전화로 사람들이 지쳐있는 상태이기 때문이다. 나 또한 하루에도 전화를 몇 통씩 받으니 말해 무엇하겠는가? 그래도 만날 고객이 없으니 방법이 있는가? 전화를 해보기로 했다. 그러나 핸드폰에서 고객의 전화번호를 누르고 통화버튼을 누르지 못해 3일 동안 한 통도 하지 못했다. 말이 되는가? TM을 해 보겠다고 마음먹고 3일 동안 전화를 한 통도 못했다. 전화번호까지 누르고 한숨을 내쉬고, 심호흡을 하고, 숫자를 10까지도 세어보고 이것저것 다 해 보았지만, 도저히 통화 버튼을 누를 용기가 나지 않았다.
　4일째 되는 날 다시 앉아서 도대체 어떻게 해야 할까 고민만 하다가 또 고객의 전화번호를 누르고 역시나 통화버튼을 못 누르고 있었다. 또 심호흡을 하고, 숫자를 10까지 세어보고 하던 중에 손가락이 흔들리면서 통화버튼을 모르고 눌렀다. 통화 연결음이 들리기 시작했고, 순간 심장이 멎는 줄 알았다. 그러면서 그 짧은 찰나의 시간에 이런 생각이 들었다.

"전화를 받으면 어떡하지? 받으면 어떡하지?" 도대체 이게 말이 되는가? 고객을 방문하기 위한 약속을 잡으려고 전화를 한 것인데 실수로 전화가 걸리고, 심지어 전화가 연결 될까 봐 걱정을 하다니. 어이가 없지만 나 또한 그랬다. 다행인지 불행인지 그렇게 걸었던 첫 통화는 연결은 안 되었다.

얼떨결에 첫 전화를 걸고 나니 갑자기 자신감이 좀 생긴 것 같았다. 그 이후에는 통화버튼을 누르는 것이 덜 고통스러웠다. 준비해 놓은 스크립트대로 연습한 대로 잘할 자신이 생기는 것 같았다. 그렇게 몇 번 더 반복을 하니 드디어 전화가 연결되었다.

그런데, "안녕하세요 대표님! 저는 ○○컨설팅회사 이수…. 뚜뚜…." 문제는 내 이름 석 자를 채 다 말하기도 전에 이미 고객은 전화를 끊어 버린다는 것이었다. 충격적이었다. 미친 듯이 스크립트를 읽고 외우고 반복했는데, 이름을 다 말도 못 해 보고 끝나버리다니. 어떻게 해야 할까? 또 고민에 빠졌다.

그리고는 내게 걸려오는 TM영업사원의 전화를 이제는 그냥 끊어버리지 않고, 유심히 계속해서 들어보기 시작했다. 아주 다양한 홍보용 전화가 걸려왔기 때문에 생각보다 공부가 많이 되었다. 그리고 생각했다. 어떤 TM은 내가 들어도 이러면 전화를 받고 싶겠는가? 하는 전화가 있었고 또 어떤 TM은 내가 전화를 끊지 못하도록 꽤 본인이 하고 싶은 말을 잘하는 사람도 있었다. 나름대로 괜찮다고 생각되었던 TM영업사원의 녹음내용을 계속 들어 보면서 연습하자 이후에는 전화할 때 긴장이 덜되면서 TM이 수월해졌다.

괜찮은 TM이란 이런 느낌이었다. 첫 번째는 발음이 정확하다. 전화를 끊고 싶었던 생각이 들었던 TM은 뭐라고 말하는지 알아들을 수가 없었다. 그런 상황에 계속 말을 하니까 듣기에 짜증스러웠고 빨리 끊고 싶었다. 그런데 발음이 정확한 TM의 전화는 전달사항이 명확하니 듣기가 좋았다. 두 번째는 말의 속도가 적당히 빨랐다. 너무 빠르지도 느리지도 않아 집중할 수 있었다. TM은 정말 찰나의 순간에 고객과의 상담이 결정되므로 많은 연습이 필요하다.

그래도 TM은 하기 싫었다. 하지 않을 수 있다면 최대한 하고 싶지 않았다. 그러나 사업실패로 돈을 빨리 벌어야 했기 때문에, 그렇게 견뎌내며 TM을 해냈다. 아무것도 가진 것이 없는 상황이라면 말이라도 잘할 수 있어야 한다. 세일즈를 시작했는가? 주변에 계약할 지인이 넘쳐나는 상황이 아니라면 하기 싫은 일이라도 반드시 도전을 해야 한다. 그렇지 않으면 다음 단계로 나아갈 수도 없으며, 성공할 수도 없다.

　지금 잘 안 되고 있는 이유를 분석하고, 문제를 명확하게 인식하면 그것을 해결해야 할 필요성도 분명해진다. 아주 복잡한 문제라면 단번에 해결하기 어렵겠지만, 문제들을 조금 더 세분화하여 작게 나누어 본다면 해결할 수 있다. 문제를 해결하는 핵심은, 고정관념에서 벗어나서 조금 더 창의적으로 생각해 보는 것이다. 문제를 바라보기만 하지 말고 어떻게 하면 더 잘 할 수 있을지 연구해 보자.

진정한
기버가 되라

학창시절 이런 경험이 누구에게나 있을 것이다. 시험 기간에 공부를 하나도 못했다고 했는데, 시험결과를 보면 점수가 높은 친구들이 있다. 이유는 둘 중에 하나. 공부를 안해도 시험을 잘 볼만큼 똑똑하거나, 아니면 매우 열심히 공부를 했지만 공부를 안했다고 거짓말을 했을 것이다. 대부분 후자에 속한다. 그럼 친구가 아니라서 그럴까? 그렇지 않다. 친구는 맞지만 동료이자 라이벌이기 때문이다.

이는 일에서도 마찬가지이다. 동료 관계와 우정은 다르다. 여기서 남성과 여성을 나누어 보자. 남성은 비즈니스는 비즈니스고, 개인적인 것은 개인적인 것이라고 보편적으로 공과 사를 잘 구분하는 편이다. 일과 관련된 문제를 놓고 의견이 일치하지 않는 상황이 생긴다고 하더라도, 비협조적이라든지 의리가 없다든지 하는 관점으로 보지 않는다.

그런데 상대적으로 여성은 동료와의 관계를 매우 소중하게 생각해서, 어느 정도의 적당한 거리를 유지하는것이 좋다는 것을 종종 잊기도 한다. 그래서 일과 관련된 문제를 놓고 의견이 일치하지 않는 상황이 생길 때 객관적으로 바라보지 못하고 예를 들면, "니가 어떻게 나한테 그럴 수 있어."라고 말한다.

현재 속해 있는 조직 내에서 친구를 사귀는 것이 목적이 되어서는 안 된다. 동료가 친구가 된다면 그냥 덤으로 얻은 관계라고 생각하자. 혹시 "여성의 적은 여성"이라는 말을 들어 본 적이 있는가? 여성 사이에서는 특히나 묘한 심리전이 있다.

대학을 졸업하고 디자인회사에서 디자이너로 근무할 때였다. 디자인 실장님이 여성이었는데, 후배인 여성 디자이너 한 명과 늘 신경전을 벌였다. 사석에서는 언니, 동생 하면서 서로 없으면 못 살 것처럼 그러면서 그 감정을 일로 가져오니 사사건건 문제가 발생하는 것으로 보였다. 일을 일로 받아들이지 않고, '우리는 친한 사이인데 어떻게 그럴 수 있어.'라는 감정이 이입되는 순간 어려운 상황이 생기게 된다. 결국 비즈니스를 하면서 모든 사람을 친구로 삼을 수는 없고, 모든 사람을 다 행복하게 만들어줄 수도 없다.

애덤 그랜트 작가의 〈기브 앤 테이크〉라는 책이 있다. 이 책에서는 사람의 성향에 따라 3가지 유형으로 구분을 한다. 첫 번째는 "기버 : 받은 것보다 더 많이 주기를 좋아하는 사람", 두 번째는 "테이커 : 준 것보다 더 많이 받기를 원하는 사람", 세 번째는 "매처 : 받은 만큼 되돌려 주는 사람"이다.

기버에게는 살신성인이 필요하고, 테이커는 적자생존이며, 매처는 자업자득으로 볼 수 있다. 결국 주는 사람이 성공한다고 말한다. 그런데 상식적으로 아이러니 하지 않은가? 주면 손해를 볼 텐데 어째서 성공한다는 것인가? 요즘 너도 나도 본인이 기버라고 말하는 사람이 많다. 그런데 자세히 살펴보면 비즈니스라는 게임에서 기버는 상대적으로 드물다. 진정 기버인지 기버인 척 하는 것인지 잘 구분할 필요가 있다.

나보다 상대방을 먼저 배려하고 돕고자 한다는 것은 보통 어려운 일이 아니다. 나 역시 쉽지는 않지만 기버로 살아가려고 매우 노력하는 편이다. 반면에 영원한 테이커도 없다. 결국 모든 관계에서 주는 만큼 받는 또는 받는 만큼 주는 매처 관계가 가장 보편적이다.

리더의 자리로 올라갈수록 특히 기버의 자질을 갖추려

고 노력해야 한다. 알고 있지만 참으로 어려운 일이라서 계속 다짐을 한다. "제가 무엇을 도와드릴까요?" 이 한마디가 일터와 인생 그리고 관계를 바꾼다.

여기서 주의할 점이 있다. 그저 형식적인 말은 의미가 없다. 진심이 전해지지 않는다면 "무엇을 도와드릴까요?"라고 물어도 전혀 고맙지 않을 것이다. 흉내 내지 말자. 세일즈에서는 함께하는 동료가 아주 중요하다. 감정적 공감보다도 끈끈한 팀워크를 통해 의견을 주고받으며 공통의 목표를 향해 나아가는 동반자적 관계이다. 좋은 동료와 함께 하는 것이 비즈니스를 해 나가는 데 큰 힘이 될 것이다.

입사 미팅을 하면서 들어보면 일이 힘들다기 보다 사람과의 관계에서 오는 문제 때문에 이직하는 경우가 훨씬 더 많다. 어떠한 점에서든지 소통이 어렵고, 그로 인해 불합리하다는 생각이 든다면 결국 관계를 정리하게 되고 만다.

매우 공평한 듯 5:5를 강조하는 사람과 일을 해 본 경험이 있다. 처음에는 이상적인 것 같았다. 그런데 시간이 지나고 보니 결국 그 사람은 5보다 더 많은 것을 가져갔다는 것을 알게 되었고, 이익을 나눌 때는 5:5 하지만 손해를 감수해야 할 때는 그렇지 않았다. 매처인 듯 했지만 결국 절대 손해 보고 싶지 않은 성향인 테이커 였다.

현재 내가 소속된 조직은 비교적 기버가 많다. 치열한 세일즈에서 실적은 매우 중요하다. 그리고 내게 직접적인

이득이 없다면 오랜 시간을 들여 익힌 나의 경험을 나누는 것이 쉽지 않다. 또한 나누지 않는다고 해도 강요할 수도 없다.

하지만 먼저 경험해 봄으로써 익힌 지식과 방법들을 온라인교육을 통해서 또는 오프라인 교육을 통해서 아낌없이 나누고 있다. 선한 영향력을 나누고 싶어 하는 사람이 곁에 많이 있을수록 나도 그러한 사람이 되고 싶어진다. 앞으로도 더 나누는 사람이 될 수 있도록 노력할 것이다. 하지만 기버라고 하여 베풀기만 하는 것이 능사는 아니다. 기버도 둘로 나누어 볼 수 있는데 성공한 기버와 실패한 기버이다. 무작정 베풀기만 한다면 본인의 에너지만 소진하게 된다. 헌신과 희생도 지나치면 독이 되고, 현명하지 못한 행동이다. 얼마나 베푸느냐보다 중요한 것은, 어떻게 베푸느냐이다. 진정 기버가 되어 좋은 동료와 라이벌 관계가 되더라도 긍정적으로 받아들이고 같이 성장해 보자.

고객을 주인공으로 만들어라

우리는 이런 말을 하곤 한다. "이 사람하고는 대화가 잘 되는 것 같아" 대부분의 사람들이 대화가 잘 통하는 사람, 말이 잘 통하는 사람이 되고 싶어 한다. 그런데 재치가 넘치거나, 유머러스하다고 해서 그런 사람이 될 수는 없다. 결국 말이 잘 통한다는 것은 말을 하고 싶게 만든다는 것인데 그러려면 편하게 말을 할 수 있는 분위기를 만들 줄 아는 사람이 되어야 한다. 상대방이 본인의 이야기를 먼저 할 수 있도록 한다면 대화는 좋은 방향으로 흘러가게 된다.

여러 사람들이 내게 이런 질문을 한다. 법인영업을 너무 해보고 싶은데 어려울 것 같아요. 또는 주변에 아는 대표님이 계시는데 도대체 가서 뭐라고 말을 해야 할까요? 대표님이 오라고 해도 걱정이네요 이야기한다. 대표님도 그냥 고객님이라고 생각하면 될 텐데 뭔가 대표님이라고 생각하니 거창한 것을 말해줘야 한다는 생각이 먼저 들기 때문이다. 틀린 말은 아니다. 바쁘신 분들이 시간을 내어 만나기로 약속을 했다면 가서 농담이나 하다가 올 수는 없다.

중요한 점은 내가 무엇인가를 말해야 한다고 생각하니 어려운 것이다. 주인공은 내가 아니다. 모든 만남에서 고객이 주인공이 되어야 맞다. 그러니 고객과의 만남에서는 내 이야기를 하러 가는 것이 아니고, 이야기를 들어 주기 위해 가는 것이다.

이야기를 들으려면 어떻게 해야 할까? 이야기를 할 수 있도록 답변이 가능한 질문을 해야 한다. 그것만 준비하면 된다. 개인 고객이라면 그 고객에 대한 정보를 미리 알아보고 준비하면 될 것이고, 기업 고객이라면 기업을 분석해서 가면 된다.

개인고객에 대한 정보는 어떻게 준비해 볼 수 있을까? SNS가 발달한 요즘 그것은 어려운 일이 아니다. 먼저 전화번호를 저장하면 고객의 카카오톡을 볼 수 있게 된다. 카카오톡의 프로필 사진만 보더라도 고객의 성향을 짐작해 볼 수 있다. 본인의 사진으로 프로필이 되어 있다면 미혼일 수 있고, 또는 기혼이라고 하더라도 본인에게 더 무게중심을 두는 성향일 가능성이 있다. 아이의 사진이나 가족

사진이 프로필 이미지로 되어 있다면 가족을 더 위하는 성향일 것이다. 물론 단정하는 것은 아니니 오해가 없길 바란다. 나 역시 가족이 있고 중요하지만 카카오톡을 사용한 이후 계속해서 나의 사진으로만 프로필 이미지를 사용하고 있다.

기업고객을 만나서 대화를 이어가는 것이 어렵다고 하는 사람들을 위해 내가 해왔던 방법을 예를 들어보고자 한다. 기업분석이라 함은, 여러 가지가 될 수 있다. 내가 방문하고자 하는 기업에 대해 작고 소소한 것은 물론, 알아볼 수 있는 것은 전부 파악해 가는 것을 추천한다. 대부분 온라인상에서 다 조회해 볼 수 있는 내용이다.

기업분석이라고 해서 단순히 재무제표상의 숫자만 미리보기 하듯 파악하여 매출액은 얼마인지, 당기순이익이 얼마인지를 알아가는 것을 말하는 것이 아니다. 그것은 좋은 상담이 되지 못한다. 나는 기업을 방문하기 전에 꽤 많은 정보를 수집한다. 우선 기업명이나 대표님의 성함으로 포털사이트에서 검색해 본다. 그럼 홈페이지가 있는 곳도 있고, 물론 없는 곳도 있고, 아니면 꽤 오래전에 만들어 놓은 곳일 수도 있다. 홈페이지가 있다면 들어가서 최대한 자세하게 많은 내용을 숙지하려고 읽어본다. 그리고 메모를 해 간다.

모든 기업의 사업 아이템을 다 이해할 수 없지만, 방문하게 될 기업의 주된 사업 아이템은 무엇인지 알아보고, 특히 CEO인사말, 대표인사말 카테고리는 반드시 읽어본다. 그러면 대표님은 어떤 신념으로 기업을 설립하시고 경영해 가시는지 기본적인 것을 파악할 수 있다.

해당 기업은 언제 설립되어 몇 년 정도 사업을 해오셨는지도 알 수 있고, 개인사업자로 시작하여 법인사업자로 전환을 한 것인지, 법인사업자로 처음에 설립을 했는지 자세히 나온다. 또한 홈페이지에서는 기업의 특허 현황이나 인증 현황 등도 확인할 수 있고, 규모가 있는 기업이라면 본점과 지점은 어디 있는지도 나와 있으며 해당 지역도 알 수 있다. 이렇게 홈페이지 하나만 보더라도 무수한 정보를 알 수 있다.

다음은 대표님 성함으로 포털사이트에서 기사를 검색한다. 그럼 관련 기사 하나 이상은 반드시 찾게 된다. 물론 없을 수도 있다. 그럼 다음으로 넘어가면 된다. 주된 기사는 제품의 개발로 인한 수상과 관련한 기사가 많았고, 다음은 기업 이름으로 기부를 했던 내용의 기사들을 볼 수 있다. 아니면 기업이 위치한 지역 지방자치단체에서 표창이나 상을 받으신 기사를 찾아볼 수도 있었다.

그 다음은 구직사이트에서 해당 기업명을 검색해 본다. 그럼 채용 공고를 볼 수 있는데 정확한 현재 직원 수와 어떤 부서에서 채용을 하는지, 그리고 얼마나 직원을 자주 채용하는지 등도 알 수 있다. 이 모든 것을 하고 난 이후에 기업의 재무제표를 확인할 수 있는 자료를 검색한다.

자! 기업에 방문한다고 가정해보자. 얼마나 질문할 것이 많이 있는가? 여기서 생각을 한 번 해보자. 이미 검색하여 조사한 내용을 브리핑하듯이 쏟아내면 될까? 그럼 마치 뒷조사를 하고 온 것 같은 느낌이 들게 된다.

그런데 한 교육생은 내 조언대로 했다가 곤경해 처했다고 토로했다. "알려주신 대로 했는데 안 좋은 소리만 들었네요"고 하였다. 왜 제대로 활용을 하지 못하고 오히려 반감을 사게 되었을까? 그건 내가 주인공이 되어서 마치 미리 알아온 정보를 자랑이라도 하듯이 전달했기 때문이다. 주인공은 반드시 고객이 되어야 하고, 말의 빠르기와 질문의 타이밍도 매우 중요하다. 이것까지 어떻게 알려 드리겠는가? 연습을 반복하여 나만의 상담스킬을 향상시킬 수 있길 바란다.

예를 하나 들어 보자. 구직사이트에서 검색해보니 해당 기업이 자주 채용공고를 올렸다는 것을 알 수 있었다. 그럼 대표님께 "직원이 자주 그만 두시나봐요?"라고 말하면 되겠는가? 나라면 이렇게 말하겠다.

"대표님! 제가 워낙 대표님들 많이 만나 뵙잖아요. 그런데 요즘에 젊은 친구들이 자주 그만두는지 직원 채용하기가 만만치 않다고 하시더라구요. 대표님은 어떠세요? 직원 채용하는 것 괜찮으세요?" 이렇게 질문을 던지기만 하면 대표님께서 최소 30분은 하소연을 하실 것이다. "도대체 말이야! 요즘 젊은 친구들은 우리 때하고 달라서~"

고객을 만났을 때 대화의 중심을 "나"로 잡지 말자. 그러면 고객은 나와 대화 하고 싶은 마음은 사라지고 마음의 문을 닫을 수 있다. 철저하게 고객의 입장이 되어 고객이 말을 하고 싶도록 해야 한다. 그리고 적재적소에서 잘 질문할 수 있는 타이밍도 연습을 하자. 그렇다면 나는 다음에도 또 만나보고 싶은 사람이 될 수 있다.

더 쉽게
설명하라

"있어빌리티"라는 말을 들어 보았는가? 우리말의 "있어"와 영어 "ability(능력)"을 합친 것으로 국어사전에도 등록된 신조어라고 한다. 직역하자면 있어 보이게끔 잘 포장하는 능력이라고 할 수 있겠다. 개인고객을 만나든 기업고객을 만나든 우리는 고객을 만나 컨설팅을 하는 일을 하고 있다.

그런데 있어빌리티 하고 싶은지, 너무 정중하고 어려운 말을 많이 사용하는 사람이 있다. 반면에 쉽고 빨리 이해되도록 하는 사람이 있다고 해보자. 어떤 사람이 세일즈를 더 잘할까? 법인영업만 하고 있는 나는 개인보험이 아직도 너무 어렵다. 그리고 용어도 너무 생소하다. 보험 세일즈에 몸담고 있는 나도 계속해서 그 일을 직접적으로 하지 않으니 시간이 지나도 어려운 것이다. 서당개 삼년이면 풍

월을 읊는다고 하는데, 반복해서 사용하지 않으니 시간이 지나도 익숙해지지 않고 어렵게 느껴진다. 하물며, 고객은 어떻겠는가? 내가 전문가인 것을 보여주기에 적절한 언어나 단어의 사용은 당연히 필요하겠지만, 굳이 어렵게 설명할 필요가 있을까 생각한다. 보험업에 있지만 아직도 발음도 잘 안되는 어려운 용어가 있다. 바로 "경험생명표"이다.

고객에게 ""경험생명표"변경이 곧 있을 예정이라서 미리 준비하시라고 연락드려 봤습니다."라고 하면 물론 알아듣는 고객도 있을 것이다. 그런데 보편적으로는 반문하지 않겠는가? 나라면 그냥 쉽게 "몇 년에 한 번씩 조사 하는 겁니다. 평균수명이 얼마나 달라지는지 조사하고 그에 맞춰 반영하는 지표가 있는데요. 이번에 곧 변경될 예정이에요. 보험료가 올라가게 될 확률이 높아서 그 전에 준비하시면 도움 될 것 같아 연락드려 봤습니다"라고 해보겠다.

법인영업은 더 심하다. 왜냐하면 어렵고 생소한 단어가 매우 많기 때문이다. 그것은 우리가 세무나 회계 전공이 아니고, 해당 분야에 오랜 시간 경력을 쌓지 않았기 때문이다. 그래서 법인영업을 시작할 때 특히 무슨 말인지를 모르겠다고 많이 이야기 한다. 나 역시 처음에 하얀 것은 종이요, 까만 것은 글씨였다. 한글로 써 있는데 뜻을 알 수 없는 이상한 경험을 해 봤다. 그래서 공부를 아주 많이 해야 한다.

그래도 오히려 기업고객의 대표님들께서는 대부분 용어나 단어를 아는 경우가 많다. 최소 10년에서 그 이상 기업을 운영 해오신 기업의 대표이기 때문에 당연하다. 법인영업에서 사용하는 단어는 쉽게 바뀌서 쓸 수는 없는 경우가 다반사이다. 나는 오히려 법인영업 강의를 할 때 교육생들의 어려움을 해소할 수 있도록 쉽게 풀어서 설명하려고 노력하고 있다.

우선 본인이 정확한 뜻을 알고 이해를 해야 고객에게 쉽게 설명을 할 수 있는 것이다. 법인영업 교육을 하거나 강의를 할 때 자주 하는 말 중에 이런 말이 있다. "타인에게 설명하지 못하면 모르는 것입니다"

교육을 하고 난 이후 피드백을 할 때 복습의 개념으로 다시 질문을 하면 "아! 그거 알았는데"하는 대답을 가장 많이 듣는다. 그럼 그것은 모르는 것이다. 쉽게 설명하는 것은 중요하다. 그러려면 반드시 나부터 정확히 공부하며 이해해야 한다. 어렵고 생소하더라도 노력해 보자. 있어 보이기 위해서 전문적인 용어를 사용하며 말하는 것이 능사가 아니다. 오히려 쉽게 설명할 수 있다면 더 실력이 있는 것이다. 어렵게 설명하지 말자.

리액션을 잘하고
센스있게 행동하라

오랜 시간 사랑받고 있는 방송인이자 국민MC로 불리는 유재석 님은 독보적이다. 왜 일까? 바로 대부분의 방송에서 자신을 드러내지 않고, 타인을 공감하는 능력이 뛰어나고, 거기에 적재적소에 맛깔나게 들어가는 리액션 덕분이라는 것을 우리는 이미 알고 있다.

리액션이란 무엇인가? 상대방의 말이나 행동에 반사적으로 보이는 행동이나 말, 즉 반응이다. 리액션을 잘해준다는 말은 보통 칭찬의 의미로 쓰인다. 세일즈를 하는 영업인에게 리액션은 참으로 중요하다. 간혹 과장된 리액션이라면 부담이 될 수도 있겠지만, 대화를 함에 있어 리액션은 소통의 질을 높이는 중요한 요소이기도 하다. 그럼 어떻게 하면 리액션을 잘할 수 있을까?

첫 번째는 상대방이 하는 말에 귀를 기울여야 한다. 즉, 경청이다. 리액션의 가장 큰 의미는 잘 듣고 있다는 것을 표현하는 것이다. 상대방이 존중 받는다는 느낌을 줄 수 있기 때문이다.

두 번째는 공감이다. 공감한다는 것을 표현함으로써 인간적인 관계를 느낄 수 있다. 적절한 공감은 대화의 흐름을 유지하게 해준다. 상대방이 말하는 동안 적절한 리액션을 한다면 끊김 없이 대화가 이어지게 된다. 다만 피해야 할 리액션도 있는데, 의미 없이 내뱉은 그런 단어들이다. 예컨대 "대박", "진짜", "헐"과 같다.

그러면 고객하고는 어떻게 리액션을 해야 할까? 너무 어렵게 생각하지 않았으면 한다. 내가 가장 많이 하는 리액션은 "아~ 그러셨구나" "네~ 그러셨어요" "맞아요~ 그러시죠"정도이다. 거기에 적절한 표정을 지어 표현하고, 가끔씩은 고개를 끄덕이기도 한다. 당연히 리액션이 과하거나 적절한 시기에 사용하지 못한다면 자칫 역효과나 반감을 사게 되므로 주의해서 사용해야 할 필요는 있다.

기업고객의 대표님을 주로 만나기 때문에 보통 대화의 내용이 경제에 관한 이야기가 많고, 그 다음은 정치에 관한 이야기도 많이 하게 된다. 그렇기 때문에 컨설팅을 하기 위한 지식적인 부분의 공부만 해서는 절대로 대표님과 대화를 이어 갈 수 없다. 다방면에서 공부를 해야 한다.

만약 대표님께서 "요즘 경제가 말이야!, 미국에서 기준 금리를 또 올려가지고!"라고 대화를 시작하셨다고 해보자. 그럼 거기서 "대표님! 저는 미국 금리에는 관심이 없어서 잘 모르겠습니다. 지난번에 말씀드렸던 컨설팅 내용은 기억나시지요?"라며 내가 하고 싶은 말만 한다면 대화가 되겠는가? 그렇다면 나를 다음에도 또 만나고 싶지는 않게 된다.

정치 이야기도 생각보다 많이 하시는 편인데, 주의할 점이 있다. 대부분 지지하는 정당이 이미 있으시고, 내 생각과는 다른 정당을 지지 할 수 있다. 만약 대표님께서 "이번에 ○○당을 아주 잘 선택했지! 사업하기가 아주 좋단 말이야" 또는 "잘 할 줄 알고 뽑았더니 이번에 ○○당을 선택해서 사업하기가 어렵구만"이라고 하셨다면 내가 설령 지지하는 정당이나 관심이 없더라도 이렇게 리액션 해보자. "맞습니다 대표님! 그러시죠? 얼마나 다행인지 모르겠습니다" 또는 "그러셨어요! 저도 같은 생각입니다" 정도만 대답해도 되는데, 여기서 굳이 "대표님! 저는 그렇게 생각하지는 않습니다"라는 상반된 의견을 펼칠 필요가 있을까? 조금만 생각해본다면 그리 어렵지 않다.

리액션은 상대방에 대한 관심이고, 센스는 대화를 이어가는 요령이다. 처음부터 잘 할 수 있는 사람이 몇 명이나 될 것인가? 연습하지 않고 자연스럽게 표현할 수 있는 것

은 없다. 어색하더라도 꾸준히 반복해서 연습하면 대화를
이어나가는 좋은 기술을 얻게 된다.

상대방의
체면을 세워주라

　대화를 하다 보면 서로의 생각이 당연히 다를 수가 있다. 만약 상대방의 생각을 바꾸려고 한다면 절대로 잊어서는 안 될 철칙이 있다. 사람들은 대부분 이제까지 너무나 확고한 의견을 제시했기 때문에 본인의 생각이나 주장을 바꾸려고 하지 않는다는 점이다. 의견을 번복하게 되면 체면이 살지 않고 본인이 틀렸음을 인정하는 상황이 되기 때문이다. 특히 강경하게 의견을 제시했던 경우라면 더욱이 바꾸기는 어렵게 된다.

　이럴 때 상대방의 체면을 구기지 않고도 나의 의견에 동의 할 수 있도록 만들 수 있다면 서로에게 좋지 않겠는가? 그것은 바로, 상대가 빠져나갈 수 있도록 해주는 것이다. 그렇지 않으면 상대방은 본인의 논리에 갇혀서 체면을 구기고 싶지는 않으니, 번복하고 싶어도 하지 못하게 된다. 대화에서 설득이란 단순히 동의를 하게 만드는 것이 아니라, 반대의 상황이 왔을 때 체면을 구기지 않고 빠져나갈 수 있는 상황도 마련해 주는 것이다.

첫 번째는 상대방이 정보가 부족한 것으로 보일 때 이다. "맞습니다! 그러실 수 있습니다. 아마 그런 사실을 잘 몰랐기 때문에 그렇게 생각 하시는 것도 당연합니다. 저라도 그렇게 생각했을 것 같습니다. 그런데 다행히 나중에라도 알게 되어서 바꾸게 되었습니다"라고 말해보자. 그럼 왜 틀렸는지 핑계를 만들어 놨으니 빠져 나가기가 좋다. 기존에 본인이 가지고 있는 정보 안에서는 틀리지 않았다고 인정해주고, 새로운 정보가 나타났을 때는 어쩔 수 없지만 바꾸는 것이라고 하면 상대는 기분이 상하지 않는다.

두 번째는 제 3자에게 잘못을 돌리도록 하는 방법이다. 예를 하나 들어보겠다. 미팅을 하고 난 이후 자료를 정리하여 이메일로 보내드리기로 하였다. 당연히 자료를 발송하였고, 수신확인에서 보니 이미 읽었다는 표시가 있었다. 그런데 대표님은 받은 적이 없다고 하신다.

그렇다면 이 상황에서 "대표님! 제가 수신확인에서 읽으신 것 확인까지 했습니다. 못 받으신거 맞으세요?"라고 하면 고객의 체면이 구겨지게 된다. 중간에 본인이 메일을 받았던 것을 기억하게 되었더라도 아마 끝까지 인정하지 않을 것이다.

이러한 경우 이렇게 말한다. "대표님! 요즘 메일을 제대로 보내도 스팸 편지함으로 들어가는 경우도 다반사더라구요. 저도 일전에 아는 분께서 메일을 보냈다고 하는데 계속 안들어와 확인을 해보니 스팸 편지함에 들어가 있더라구요. 요청하셨던 메일은 제가 확인을 해보니 발송이 제대로 잘 되었습니다. 대표님 다시 한 번 확인해 보시겠어요? 혹시 모르니 스팸 편지함도 살펴봐 주시구요?" 그러면 "아! 그랬나? 다시 한 번 확인을 해 봐야겠군요"라고 답변을 하신다. 이렇게 하면 나는 메일을 보냈다는 것을 다시 확인시켜 드릴 수 있다. 왜냐하면 업무를 제대로 처리했음을 재차 표현하는 것이다. 그리고 대표님은 못 받았다고 계속 답변하셨지만 체면을 구기지 않고 상황을 모면할 수 있도록 만들어 드렸다. 나중에 확인을 다시 해본다면 본인이 틀렸다는 것을 인정하게 될 것이다.

대화에서 옳고 그름을 판단하고 시시비비를 가리는 것도 중요하다. 만약 책임의 소재를 명확히 해야 하거나 중대한 사안이라면 그 즉시 가려내야 한다. 하지만 우리는 고객과의 좋은 관계를 형성하기 위한 미팅이 대부분이며, 상대방이 체면을 구기지 않고도 잘못을 알게 해주거나 인정을 하게 해주는 것이 소통의 기술이다.

단점을 알려서
장점을 부각하라

어떤 세일즈를 하더라도 아니, 세일즈가 아니더라도 이 세상에 장점만 있는 경우는 없다. 단점이 존재하는 것은 자연스러운 현상이다. 아무래도 단점을 설명하는 일이 어렵다보니 제대로 설명을 하지 않거나, 설명을 하더라도 빠르게 휘리릭 지나갈 수 있다. 이처럼 상대가 못 들은 느낌이 들도록 설명하고 있지는 않은지 점검해볼 필요가 있다.

보편적으로 작성하는 계약서가 그렇듯, 당사에 좋은 내용들은 크고 잘 보이도록 기재한다. 그리고 처리가 불가한 부분이나, 단점은 제일 아래 하단에 글씨도 매우 작게 써놓았다. 그렇게 하는 이유는 절차도 지켜야 하고 추후 문제가 발생하거나 클레임이 발생했을 때 보호하기 위함이다.

세일즈를 하는 사람들 중에도 이와 비슷한 유형이 있다.

작정하고 나쁜 마음으로 그리 행동하는 경우도 있겠지만, 상품에 대한 정확한 숙지가 부족하여 의도치 않게 제대로 전달을 하지 못 하는 경우도 허다하다.

두 경우 모두 궁극적으로 고객에게 피해가 갈 수 있기 때문에 반드시 주의해야 한다. 보험 세일즈를 한다면 특히 이런 형태의 영업은 "불완전판매"로 연결되기 때문에 매우 유의해야 하는 부분이다.

세일즈를 하면서 가장 두려운 순간은 고객의 거절을 맞이할 때 일 것이다. 그러다 보니 장점은 훨씬 더 부각하지만 단점을 설명하기가 어렵다. 나 또한 다르지 않다. 하지만 대부분의 고객 역시 영업인의 말을 가감 없이 100% 믿지는 않는다. 그런데 무턱대고 "제가 하는 말은 모두 정말입니다! 저를 한 번만 믿어보세요!"라고 한들 고객에게 믿음이나 신뢰가 생기지 않으면 계약이 성사되기 어렵다. **단점은 주의해야 하는 사항이지 나쁜 점이라고 생각하지 말자.**

법인영업은 기업고객을 대상으로 컨설팅을 하기 때문에 계약 금액이 보편적으로 큰 편이다. 그래서 우선 계약을 받아야겠다는 마음이 생길 수 있다. 하지만 앞서 말한 것처럼 법인영업은 "하이리스크 하이리턴"이다. 특히나 보험 세일즈는 환수라는 제도가 있으므로, 불완전 판매가 발생하면 기간에 상관없이 모두 감내해내야 한다. 그러한 일이 발생하지 않으려면 단점을 반드시 설명하자. 혹여 그 단점으로 인하여 계약이 성사되지 않을 수 있지만 오히려 장점과 단점을 모두 알렸을 때 고객의 입장에서는 신속하게 결정을 할 수 있게 된다.

내가 상담하는 대부분의 기업고객은 가업승계를 위해서 또는 상속이나 증여를 위해서이고 결과적으로 절세를 원하거나, 절세가 필요하기 때문에 여러 가지 방법을 모색한다. 계약을 잘하려면 무조건 절세를 해드린다고 하면 된다.

하지만 상담을 하면서 반드시 설명하는 말이 있다. "합법적인 방법으로 컨설팅을 실행하지만, 법에 해석에 따라 달라질 수 있는 부분이 있다 보니 리스크가 발생할 수 있습니다. 당연히 적법한 절차 내에서 모든 플랜을 실행하지만, 예외의 경우는 언제든 발생할 수 있고, 혹여 이슈 발생 시에 최대한 대응할 수 있도록 노력하고 있습니다. 대신 컨설팅을 실행하지 않았을 때와 실행 했을 때의 차이점은 매우 명확합니다"라고 정확하게 설명한다.

장점만 말하는 화법은 오히려 설득력이 없거니와 장점만 있을 수도 없다. 단점을 알리되 단점은 나쁜 것이 아니고 주의를 필요로 하는 주의사항의 개념으로 명확히 설명한다. 여기에 더해 장점으로 인해 가져오는 이익이 더 크다는 것을 설명한다면 단점을 알리는 것을 두려워 할 필요는 없게 된다.

동의의 마법을
활용하라

법인영업으로 어느 정도 성과를 내고 난 이후부터 종종 외부교육이나 강연 요청이 있는 편이다. 예전 디자인업에서는 이미 전문 교육강사로 활동을 해왔기 때문에 강의 경력이 길다. 강연자가 되어 강의를 하다 보면 내 이야기를 해야 하는 경우도 종종 생긴다. 조금 사적인 이야기를 하나 싶기도 하지만, 의무적으로 참석해야 하는 강의라 억지로 따라 온 경우가 아니라면 사적인 이야기를 하는 것도 오히려 청중과의 친밀도와 집중도를 높일 수 있는 좋은 방법의 하나다.

이것은 고객을 만날 때에도 동일하다. 그러나 첫 만남부터 나에 대한 사적인 이야기만 구구절절 늘어놓을 필요는 없다. 그건 오히려 역효과가 날 수 있다. 세상은 바쁘게 돌아가고 신경 써야 할 일이 한두 가지가 아니다. 그런데 고객의 성향 파악도 되지 않은 상황에서 사적인 사담만 하는 것은 전문가답지 못한 인식을 줄 수 있다.

반면에 고객과의 만남이 반복되고 시간이 지날수록 나에 대한 이야기를 하는 것이 꼭 필요하다. 단, 주의사항이 있다. 그런 기회가 왔을 때 마치 기다렸다는 듯이 장황하게 나의 이야기를 쏟아내는 형식은 지양해야 한다. 상대방의 질문에 가볍게 응답하는 기분으로 간략하게 말하는 것이 좋다. 이런 상황에서는 동의의 마법을 활용해보자. 전혀 어렵지 않다. 바로 "나도 그래요!" 또는 "저도 그렇습니다!" 화법이다. 상대방이 말한 대화의 내용 중에서 나와 오버랩 되는 상황이 있었는지, 같은 경험을 해본 상황이 있었는지 등을 빨리 찾아내어 대화를 이어나가는 것이다. 그러려면 경청이 수반되어야 한다.

대화 속에서 나의 이야기를 조금씩 섞으면 상대와 유대감을 형성하고, 그 유대감이 공감이 되면서 서로 진솔한 대화를 나누게 된다. 그렇게 대화를 이어가다 보면, 나와 비슷한 경험이 있고 비슷한 생각을 한다는 것을 알게 되면서 더 편안하고 친밀한 관계가 될 수 있다.

내가 가장 많이 받는 질문 중에 이러한 질문이 있다. 도대체 어떻게 보험업 경력도 없고, 개인영업 경력도 없고,

법인영업을 바로 시작해서 단기간에 여기까지 왔냐는 것이다. 나는 성인이 된 이후 정식으로 사회생활을 시작하고 경력단절 한 번 없이 25년을 일해 왔다.

교육을 하고, 강의도 했다. 사업도 해봤고, 흥하기도 했고, 실패도 해봤다. 소위 말하는 산전수전 다 겪어 내고 여기까지 왔다. 법인영업을 시작하며 보험 세일즈로 전업했지만, 아이템만 바뀌었을 뿐 이미 다양하고 많은 경험을 쌓아왔다.

기업고객의 대표님들과 대화를 할 때 그러한 경험들로 동의를 많이 한다. 예를 들면 이렇다. "아휴 이번에 직원이 또 그만뒀어"라고 대표님께서 말씀을 하셨다면, "저도 그랬습니다 대표님! 예전에 디자인 회사 할 때, 가르쳐 놓고 편히 일 좀 할 만 하면, 제게 대표님 드릴 말씀이 있다고 하더라구요! 그럼 결국 다 그만둔다라는 말을 했습니다. 하.. 그래서 제가 그냥 말씀을 드리지 말라고 했다니까요?"라는 식으로 농담 섞인 대화를 이어 나간다. 상대방의 의견에 나도 유사한 경험이 있었다는 것을 표현하면 생각보다 빠르게 친밀감을 형성할 수 있다.

동의의 마법은 매우 간단하지만 이것을 잘 활용하려면 첫 번째도 두 번째도 무조건 경청이다. 여기서 경청은 꼭 업무적인 것에만 해당하지 않는다. 오히려 업무 외적인 것을 기억하고 있을 때 더 빠르게 친밀감을 형성하기가 쉽

다. 예를 들어보겠다. 가업승계를 이어가기를 원하셨지만 승계할 자녀가 전문직에서 일을 하고 있어 M&A를 원하셨던 대표님이셨다.

대표님과 이미 몇 번 만나 뵌 적이 있고, 우연히 반려견을 키우고 계신다는 것을 들었던 적이 있었다. 대표님께서는 처음에 강아지를 너무 싫어하셨는데, 막상 키워보니 생각보다 예쁘고 귀엽다며 꽤 즐거워하며 말씀하셨고, 나도 반려견을 키우고 있기 때문에 잠깐이지만 즐겁게 대화 했던 기억이 있었다. 나는 당시에 당연히 기억을 해 두었고, 대표님의 반려견은 갈색 푸들 견종이고 이름은 초코라는 것을 상담 시에 메모를 해두었다.

오랜만에 인사차 다시 찾아뵈었을 때 쉽게 대화를 시작하기 어려울 때가 종종 있다. 이 당시 방문했을 때 한여름의 무더위가 있었던 시기였는데, 날씨 이야기를 하며 자연스럽게 이어갔다. "대표님! 요즘 너무 더워서 우리 태백이는 해가 다 지고 산책을 나가도 길에 그냥 주저앉아 버리더라구요. 초코는 산책 잘 하나요?"

그 후로도 산책이야기, 초코의 재롱 이야기 등으로 한참 이야기를 하시더니, "참! 오늘 우리 뭐 체크해야 하지요?"라고 질문하실 때 바로 업무 이야기로 이어가며 자연스럽게 본래 방문한 목적으로 이끌어갔다.

그러니 당장이 아니더라도 기억해 둘 수 있는 것은 기억을 해두자. 다 기억하기 어려우니 상담시 한쪽에 메모를 해두자 그래야 적재적소에 사용 할 수 있고 포인트를 놓치지 않는다. 대화에서 집중하여 듣다보면 적절한 타이밍을 찾아 낼 수 있는 요령이 생기게 된다. 경청과 공감은 "동의의 마법"을 불러일으킨다는 것을 꼭 기억하자.

미루지 말고
행동하라

　행동하지 않는 생각은 쓰레기에 불과하다는 말이 있다. 많은 사람들이 부자가 되기 위해, 돈을 많이 벌기 위해, 워라밸을 위해서, 동기부여 영상을 보고 책도 읽는다. 그런데 왜 그들은 다 성공하지 못하고 소수의 일부만 성공이라는 타이틀을 얻게 되는가? 그건 보고 듣기만 하고 행동하지 않기 때문이다.

　중요한 일을 뒤로 미루는 습관은 실패한 사람들의 공통점이다. 일을 미루는 이유는 시작하기를 두려워하기 때문이다. 물론 나에게도 지금 바로 시작하지 못하고 미루는 일도 있다. 전혀 없다는 것이 아니다. 그런데 미루는 이유는 하기 싫어서가 아니라 먼저 해야 하는 일을 처리하느라 아직 행동하지 못하는 것뿐이다.

나는 지나칠 정도로 데드라인을 강조하는 편이다. 이 데드라인은 엄밀히 나누면 두 가지로 볼 수 있다. 언제까지 이 일을 끝내거나 해내야 한다는 "종료 시점의 데드라인"과 다른 하나는 언제까지 이 일을 시작해야겠다는 "시작 시점의 데드라인"이다. 평생 미루기만 하다 뭘 제대로 해본 적이 없다는 분들이 있다. 시작하는 것이 너무 어렵다면 이렇게 한 번 해보자.

종료 데드라인을 정하기 전에 먼저 시작 데드라인을 정하자. 대신 너무 거창하고 어려운 목표를 세우지 말고, 일상생활에서 할 수 있는 것부터 시작해 습관이 되도록 해보자. 나는 시간이 아깝다고 느끼거나, 비생산적인 일이나 활동은 거의 하지 않는 편이다. 그런데 2023년 여름에 손목과 팔꿈치에 문제가 있어 수술을 하면서 왼쪽 팔이 자유롭지 못해 어쩔 수 없이 일을 제대로 못했던 시기가 있었다.

그러면서 유튜브를 한없이 보고 있다든지, 책을 읽는다면서 소파에서 침대로 옮겨 가며 누워 지낸다든지, 하는 비생산적인 일에 점점 시간을 낭비했다. 그러던 어느 날 갑자기 생각해보니 낭비한 시간이 너무 아까웠는데 그사이에 습관이 되었는지 잘 고쳐지지 않았다.

그래서 시작 데드라인을 정하고(예를 들면, 7월 23일부터 한다) 방법을 하나 추가했다. 유튜브를 보려고 스마트폰을 열었다면 바로 알람을 맞추는 것이다. 지금부터 20분만 보겠다고 생각하고 알람을 맞춘다. 그럼 20분 후 알람이 울렸기 때문에 경각심을 갖게 된다. 이런 방법으로 반복하여 다시 비생산적인 시간을 줄여갈 수 있었다.

실행에 옮기는 것을 너무 거창하게 생각하지 말고 이렇게 해보자. 첫 번째, 작고 사소한 일부터 시작한다. 두 번째, 할 일이나 목표를 명확하고 단순하게 정리하자. 세 번째, 시작 데드라인과 종료 데드라인을 정하자. 이 3단계만 거치면 실행하는 것이 별로 어렵지 않게 된다. 그러니 해보지도 않고 "그게 해 봐야 되겠어?"라고 지레 짐작하여 미리부터 포기하지 말자. 열심히 하는 것과 생산적으로 하는 것은 다르니 목표를 성취하겠다는 마음으로 해보자.

"자기규정 효과"라는 것이 있다. 자신에 대한 규정이 행동을 결정하고, 나아가 운명까지 결정하는 것을 말한다. "나는 이런 사람이다"라고 스스로를 규정하게 되면 정말 그런 사람처럼 행동하게 된다.

지금까지와는 다른 내가 되고 싶다면 스스로 규정하고 행동하자. 그리고 내가 세운 목표가 이루어졌을 때를 상상해보자. 행동력은 성향에 따라 타고나는 것이 아니고 연습하고 훈련으로 되는 것이다. 행동하면 반드시 현실이 된다!

나만의 루틴을
만들어라

　루틴과 습관이 같은 것이라고 생각하는 경우가 있다. 그런데 엄밀히 말하면 두 가지는 서로 다르다. 루틴과 습관의 가장 큰 차이점은 "의도적인가?" "무의식적인가?"에 있다. 습관은 보통 의도하지 않고 무의식적으로 저절로 하게 되는 것이다. 반면에 루틴은 더 의도적이고 의식적이라 할 수 있다. 아침에 일어나자 스마트폰을 본다면 이건 습관이지 루틴은 아니라는 말이다. 결국 루틴을 계속해서 의도적으로 반복하면 습관이 될 수 있다.

　특히 영업인에게는 루틴이 꼭 있어야 한다. 왜냐하면 영업은 직장생활과는 많이 다르기 때문이다. 정해진 출근 시간도 없고, 출근 장소도 없고, 퇴근 시간도 없고, 휴일도 없다. 물론 소속이 정해져 있다면 없지는 않겠지만 보편적으로 직장인처럼 칼 같이 규칙적으로 하지 않아도 된다는 뜻이다. 그러다 보니 핑계를 만들려고 시작하면 모두가 용납되는 상황이 올 수 있다.

출근 시간, 출근 장소, 퇴근 시간, 휴일 등을 모두가 내마음대로 하고서 그저 고객을 만나는 미팅이 있었다고 해버리면 통용될 수 있기 때문이다. 실제로 고객과의 미팅이라면 박수를 쳐야 마땅하겠지만 그걸 핑계의 수단으로 삼아버리면 절대 성공할 수 없게 된다.

루틴은 나의 일을 더 잘할 수 있도록 해주는 원동력이며, 지치지 않도록 동기부여 하는 힘이 된다. 그럼 루틴으로 어떻게 더 좋은 성과를 낼 수 있을까? 너무 어렵게 생각할 필요는 없다. 특정 시간이나 특정 상황에 특정 행동을 꼭 하는 것을 기본으로 하면 된다. 이것을 리추얼(Ritual)이라고도 한다.

한 가지 주의할 점이 있다면 계속해서 반복적으로 해야하기 때문에, 도저히 본인의 성향에 할 수 없는 너무 상향된 루틴을 만들지는 말아야 한다. 예를 들면 미라클 모닝인데, 많은 사람들이 미라클 모닝을 실천한다고 하니 무조건 루틴으로 해야겠다고 생각할 것이 아니고, 나는 미라클 모닝을 할 수 있는 생활 패턴인지를 확인해봐야 하지 않겠는가?

나의 루틴 몇 가지를 소개해 보겠다. 아침을 시작하는 루틴으로 이불 개기를 해보라는 말을 무수히 들어봤을 것이다. 그래서 처음에는 이불 개기를 해보았다. 그런데 침대를 사용하니 이불을 개어 놓는 것이 뭔가 덜 깔끔해 보이고 마음에 들지 않아서 지속적으로 하기가 어려웠다. 그러다 아침을 시작하는 루틴으로 꼭 이불 개기를 할 필요가 있겠는가? 하는 생각이 들었다. 하여 이불 펴기로 방향을 전향했다. 아침에 일어나자마자 하루를 시작하는 루틴은 자느라 엉망이 된 이불을 침대 각 모서리에 맞게 반듯하게 펴는 걸로 한다.

그럼 이제 하루를 시작한다는 신호이다. 이불 개기를 하는 것 보다 이불 펴기를 하니 보기에도 좋고 정리가 잘 된 것 같아서 마음에 쏙 들었고, 이 루틴은 현재 20년 넘게 해오고 있다. 평일에만 하는 것이 아니고 휴일도 예외는 없다. 침대에서 내려오는 즉시 바로 실행한다.

다음은 운전을 시작하기 전 루틴이다. 오늘도 안전하게 아무 사고 없이 운전할 수 있기를 잠시 기도하고 출발한다. 더불어 오늘 중요한 미팅이 있다면 그 미팅은 잘 될 것이라고 큰소리로 한 번 외친다. 그럼 꼭 더 잘될 것 같은 좋은 기운이 생긴다. 지금은 관리자의 위치에 있다 보니 영업만 할 때 하고 차이는 있다. 영업만 했을 당시에는 고객을 발굴하기 위해 수단과 방법을 가리지 않고 끊임없이 노력했다. 그렇게 발굴한 가망고객을 놓치지 않기 위해 매주 1회 월요일 오전 8시 30분에 경영에 도움이 될 정보성 문자메시지를 보냈다.

또한, 매일 최소 10통의 TM을 하였으며, 통화량과 상관없이 하루 2회 방문 미팅 약속을 잡는 것을 목표로 하였다. 그리고 일정을 바로바로 기록하여 놓치거나 실수하지 않도록 하였다. 위와 같은 루틴을 2년 넘게 거의 똑같이 반복했다.

하루를 마감하는 루틴도 있다. 눈보라나 폭우가 쏟아지지 않는 한 반드시 "산책"으로 마무리 하는데 이것은 반려견인 "웰시코기 태백"이 덕분에 7년째 지속하고 있다. 아마도 혼자 산책하기로 했다면 이 핑계 저 핑계를 대며 지키지 못했을 것 같은데, 의무감으로 시작 하였지만 이제는 의식하지 않아도 저절로 하루를 마무리하는 루틴이 되었다.

이렇게 일상생활에서 해야 할 루틴과 업무적으로 해야 하는 루틴을 구분하여 매일같이 반복 하다 보면 습관처럼 될 수 있다. 습관과 루틴은 비슷한 것 같으면서도 다르다. 루틴이 습관이 되려면 시간이 필요하다. 시작하고 얼마 못가 포기하지 말고 몸에 익혀질 때까지 반복해서 해보자. 결국 시간이 필요한 일이다!

멘탈을
관리하라

모든 일에서의 성공 여부는 멘탈 관리에 달려 있다. 멘탈 관리가 되지 않아 평정심을 잃게 된다면 다 잃게 되는 것이다. 이미 멘탈 관리법이라며 꽤 비싼 교육비용을 받고 강의를 하는 사람도 있고, 멘탈 관리를 잘하는 방법에 대한 책들도 있다. 여러 방법들이 있지만 결국은 "마인드 컨트롤"이 "멘탈 관리"이다.

사람들은 내게 소위 말하는 멘탈이 "갑"이라는 표현을 종종 하고는 한다. 마인드컨트롤이 가능하고 멘탈이 무너지지 않으려면 어떻게 해야 할까? 누구나 멘탈 관리가 필요 하지만 특히 영업인이라면 멘탈 관리는 실적과 직결되기 때문에 아주 중요한 부분이다. 하지만 별로 복잡하게 생각할 필요가 없다. 멘탈 관리는 결국 스트레스를 남기지 않으면 되는 것이다.

스트레스를 남기지 않으면 평정심을 잃을 일이 없고 감정 조절이 되며, 정신이 흔들리지 않는다. 그럼 스트레스를 남기지 말고 풀려면 어떻게 해야 할까? 여기서 방법이 중요하다. 어떤 사람들은 멘탈 관리를 한다는 이유로 스트레스를 풀기 위해 "음주"를 선택하는 경우가 있다. 이것은 좋지 못한 방법이다.

술을 과하게 마시면, 문제가 발생하기 마련이다. 만약 혼자서 적당량의 술을 마시며 스트레스를 해소한다면 모르겠으나, 여럿이 어울려 뒷담화를 하거나 자기 통제력을 잃게 되는 상황이 야기되면 더 힘들 수 있다. 더불어 건강을 해칠 수 있으니 별로 좋은 방법은 아니다.

활동적인 것을 좋아하거나, 운동을 좋아하는 분들은 이를 스트레스 해소 방법으로 활용 하는 경우도 많다. 땀을 흘리고 시원하게 샤워를 하고 나면 기분이 좋아지는 경험을 해봤으니 도움이 된다고 본다. 건강도 좋아지니 일석이조가 되겠다. 그러나 스트레스 해소는 동적인 것만 있는 것이 아니다.

나의 멘탈 관리 방법은 무엇인지 자주 질문을 받는다. 왜냐하면 비교적 잘 흔들리지 않는 편이기 때문인 것으로 보인다. 간혹은 뭔가 특별한 방법이 있을 것이라 기대하시는 분들이 있으나, 늘 말하듯 그런 것은 없다. 나 또한 동적인 활동보다 정적인 활동을 하는 편이고, 나의 주변에는 독서를 하는 사람도 있고, 미술관이나 박물관 관람을 하며 차분히 정서적 휴식과 충전을 즐기는 사람도 있다. 어떤 방법이든지 내게 맞는 방법을 찾으면 된다. 자신에게 맞는 방법을 한 가지씩 찾아보도록 하자. 그래야 하루 중에 힘들었던 나의 감정을 버릴 휴지통이 생기게 되고, 그것이 정식으로 루틴이 되어야 멘탈 관리가 가능해 진다.

나만의 멘탈 관리 방법은 앞서 루틴에서 잠깐 언급했던 "산책"이다. 특히 영업을 시작하고 나서 산책은 내게 많은 도움이 된다. 매일 최소 1시간에서 1시간 30분씩 걷는데 그러면 적게는 6천-7천 평균적으로 하루 만보를 걷는다. 반려견 "웰시코기 태백"덕분이다.

처음에는 산책할 때 보내는 시간이 아깝다는 생각이 들어서, 음악을 듣기도 하고 오디오북을 듣기도 하였으나 지금은 오롯이 걷기만 한다. 대신 걸으며 하루를 정리하고 있다. 오늘은 어떤 일이 있었는가? 속상한 일이 있었다면 그 일은 왜 일어났을까? 오늘 잘했던 일은 무엇이 있을까? 잘못했던 일은 왜 그랬을까? 등등을 정리하는 시간으로 사용한다. 잘했던 것은 기억해두었다 다음에 또 사용해 봐야 겠다고 생각하기도 하고, 잘못한 일은 다시 반복하지 말아야 겠다며 복기한다.

정리해 보자면 나의 멘탈 관리법은 "오늘의 스트레스를 내일로 가져가지 말자"이다. 특히 멘탈 관리에 따라 실적에도 영향을 받을 수밖에 없는 세일즈에 있어서 이는 매우 중요한 부분이다. 오늘 속상하고 스트레스를 받는 일이 있었다고 가정해보자. 그런데 그것을 오늘로 끝내지 못하고, 내일도, 모레도, 혹은 일주일 이상, 혹은 한 달 이상, 심하게는 그 이상 가지고 가는 영업인을 본다. 이는 매우 어리석은 일이다. 타인에게 받은 스트레스와 상처로 인해 나의 멘탈을 관리하지 못하면 나만 손해 보는 것이다. 이것은 비단 영업인에게만 해당 되지는 않는다. 어차피 인생 자체가 세일즈다.

멘탈이 강해진다는 것은 나의 정신을 내가 컨트롤 할 수 있게 된다는 뜻이기도 하다. 평소에 스트레스를 다룰 수 있고, 긍정적인 생각과 말을 하도록 하자. 혹시 멘탈이 약해지거나 무너지는 경험을 하게 되더라도 빠르게 회복할 수 있게 될 것이다. 멘탈도 지속적으로 관리하자, 스스로 통제가 가능해 지도록!

3부
언제까지 하는가?

성공을 사로잡는 법

평범한 일을 비범하게 해내라 매력
과 자신감으로 브랜딩하라 시간이라
는 무기를 활용하라 명품 연기자가
되라 공짜는 없다, 돈을 쓰라 엘리베
이터 스피치를 하라 100%에서 1%만
더하라 관점을 바꿔라 맞는 방향인지
확인하라 모험에 도전하라 운이 따를
만큼 끈질겨져라 데드라인을 정하라

평범한 일을
비범하게 해내라

　오래전 대학을 졸업하고 디자인 회사에 취직을 하기 위해 이력서를 제출하던 때였다. 경력도 없고 신입인 나는 아무리 이력서를 제출해도 면접의 기회가 주어지지 않았다. 지금도 취직하기가 너무 어려워서 많은 청년들이 고심한다. 특출나고 특별한 이력이나 경력이 있지 않다면, 대부분 대동소이하다. 그럼 그 비슷비슷한 사람들 가운데 내 이력서가 뽑혀서 면접의 기회를 얻으려면 어떻게 해야 할까?

　지원자 대부분은 한글파일이나 워드파일 등을 사용하여 깔끔하고, 정갈한 이력서를 제출할 것이다. 나 역시도 처음에는 그랬다. 그러던 어느 날 생각을 해보았다. 산더미처럼 수두룩한 이력서 가운데 내 것이 1초라도 돋보이려면 어떻게 해야 할까? 그러던 어느 날 한 식품회사의 디자인

팀 직원 채용공고를 보게 되었다.

그때 채용공고에는 경력 2년 이상이라는 문구가 있었다. 그냥 밑져야 본전이라고 생각하고, 지원해 보기로 했다. 그런데 또 똑같이 한글파일의 이력서를 보내면 경력을 채용한다는데 신입인 내게 과연 연락이라도 올까? 한참을 고민하다 색다른 이력서를 제출했다.

포토샵을 열어 문서의 바탕화면에 석류 사진을 넣었고, 나를 어필하겠다며, 이런 설명을 덧붙였다. "붉은 주머니 석류 안에 촘촘하게 들어있는 이 알갱이는 마치 루비처럼 보입니다. 그래서 부의 상징이라고 합니다. 저는 지금은 신입이라 부족한 점이 있습니다. 하지만 기회가 주어진다면 루비처럼 반짝반짝 빛나는 사람이 될 자신이 있습니다. 그러니 저를 한 번만 만나보시기를 권해드립니다."

다시 생각해봐도 그냥 배짱이었다. 그런데 신기한 일이 벌어졌다. 낯선 번호로 전화가 와서 받을까 말까 하다 전화를 받았더니, "안녕하세요! 이수연 님 맞으시죠? 여기는 ○○○ 식품회사 입니다. 이번에 저희 회사 채용공고를 보시고 이력서를 제출해 주셨는데 면접 일정 확인차 연락 드렸습니다."라고 하는 게 아닌가?

면접을 보러 오라는 것이다. 처음에는 "왜? 왜?"라고 생각했다. 이력서를 제출하기는 했지만 면접의 기회가 주어질 거라고는 사실 기대하지 않았기 때문이었다. 일정에 맞춰 면접을 보러 갔더니 임원 분들이신지 2명의 면접관이 계셨다. "경력자 모집이라고 되어 있는데 경력도 없는 신입이 지원한 이유는 무엇인가요?"라는 질문을 받았다.

뭐라고 대답을 할까 잠시 망설이다가 "경력자가 되고 싶어서 지원했습니다."라고 답변을 했다. 그랬더니 다시 "그게 무슨 뜻인가요?"라고 물으셨다. "경력자도 신입 시절이 있었을 텐데 경력을 쌓고 싶어도 도무지 기회가 주어지질 않으니 경력을 쌓고 싶어서 지원해 봤습니다."로 다시 답변하였다. 그 외에도 이런 저런 질문 몇 가지를 하셨고, 나름대로 답변도 잘했다. 드라마에서 볼 수 있는 의외의 결과는 물론 생기지 않았고, 나는 채용이 되지는 않았다. 왜냐하면 회사에서는 엄연히 채용조건이 있었고 최소 경력 2년이라는 단서가 있었다. 그 날 면접에는 나보다 더 오랜 경력자들이 참석했던 것 같다. 실무에 바로 투입되어야 하는 회사 사정상 어쩔 수 없었을 것이다. 하지만 내게는 아주 값진 기회이자 경험이 되었다. 특별한 비법이나 마법을 찾지 말고, 평범해 보이는 일을 잘해 낼 때 그 때 비범해 보일 수 있다. 그러나 당시 면접관 중 한 분께서 이런 말씀을 하셨다. "어떤 사람인지 한 번 만나보고 싶었습니다. 현재 우리 회사의 상황과 공고 규정상 채용을 할 수는 없지만, 그런 호기라면 분명히 본인만의 커리어를 쌓아가며 잘해낼 것이라고 생각합니다."라는 말씀으로 격려해 주셨다.

비록 채용이 되지는 않았지만 개인적으로는 아주 뿌듯한 경험이었다.

어떤 일이든지 새로운 일을 시작한다는 것은 매우 두려운 일이다. 그 일을 잘 몰라서이기도 하지만 그 일이 성공할지 아닐지에 대한 불안감이 더 크게 작용하기 때문이기도 하다. 나는 디자인업에서 꽤 오랜 시간 종사하다 사업 실패로 인해 전업을 하게 되었다. 그것도 전혀 생각해 본 적 없는 보험업이다.

현재 나는 보험업 중에서도 법인영업이라는 것을 하고 있다. 법인영업이란? 사업자 고객을 만나서 기업에 필요한 컨설팅을 제안하고, 기업에 필요한 보험 상품을 체결하는 일이다. 법인영업은 개인영업과 다소 차이가 있다. 왜냐하면 기업을 대상으로 하는 컨설팅이다 보니 개인에게 컨설팅을 하는 것 보다 많은 보험 상품을 분석하거나 다양하게 알지는 못한다.

처음에는 내게 당연히 관심이 없었지만, 어느 정도의 결과를 내고 나니 사람들은 묻기 시작했다. 보험업 경력도 없는데 어떻게 잘하게 되었냐는 것이다. 무슨 특별한 방법이 있냐고 물었다. 물론 개인의 성향이나 역량의 차이는 당연히 무시할 수가 없다. 하지만 이 세상에 다른 사람은 절대 모르는 나만의 방법, 일급비밀 같은 방법이 과연 있을까? 그리고 세일즈를 하는데 남들은 절대 모르는 나만의 특별한 방법으로 성공한 사람이 있을까? 그렇지 않다. 그저 남들도 다 아는 평범한 일을 비범하게 생각하고 꾸준하게 했을 뿐이다.

세일즈는 특히 나를 알려야 하는 일이다. 그 말인 즉, 브랜딩이 되어야 한다는 말이다. 나만 특별한 상품을 판매하거나, 남들이 하지 않는 컨설팅을 하는 것이 아니기 때문이다. 그렇기 때문에 고객이 나와 해야만 하는 이유를 스스로가 만들어 내야 하는 것이다. 쉬울 수도 있고, 어려울 수도 있다. 결국 고객에게 신뢰를 주어야 하는 일인데, 신뢰를 주는 방법에는 여러 가지가 있다. 나는 꾸준함과 성실함 그리고 솔직함으로 고객과 신뢰를 쌓아간다. 기업고객에게 제안하는 컨설팅은 여러 단계를 거치고 비교적 시간이 많이 걸리는 편이다.

꾸준함은 매주 1회씩 월요일 오전 8시 30분에 경영에 도움될 만한 정보성 문자메시지를 보내는 것으로 인정받았고. 성실함은 시간약속을 철저히 함에서 인정받았다. 솔직함은 혹여 모르는 것이 있더라도 사실대로 말하고 최대한 빨리 확인해드리겠다고 응대하며 인정받았다. 이러한 시간이 반복되고 어느 정도 신뢰가 쌓이자, 기업 고객들은 궁금한 점이 있거나 확인하고 싶은 내용이 생길 때 연락을 하였고, 결과적으로 나에게 일을 맡겼다.

또한, 온라인 세상에 살고 있다 보니 온라인 세상에서 나를 브랜딩하고 마케팅 하는 건 필수다. 요즘은 인터넷에서 검색이 되지 않으면 실력이 있어도 실력이 없는 것처럼 보이기도 한다. 그래서 매우 중요하다. 현재 나는 블로그를 통해 경영에 도움 되는 전반적인 정보를 제공하고 있으며, 인스타그램을 통해 나의 활동 내용들을 공유하고 알리고 있다.

누구나 성공하고 싶어 하기 때문에 어떻게 하면 잘 할 수 있을까에 대해서 고심한다. 하지만 남들은 모르는 특별한 비법이나 방법은 없다. 단기적인 목표를 세우고 순차적으로 실행해 나가도록 하고 평범한 일이라고 무시하지 말고 계속 해보자. 그렇게 계속한다면 앞으로 잠재적인 기회를 더 많이 잡을 수 있게 되고, 평범했던 일을 비범하게 해내는 나를 발견하게 된다.

매력과 자신감으로
브랜딩하라

    매력이라는 단어를 들으면 처음에 대부분 외모를 떠올리게 된다. 그런데 매력과 외모는 같은 의미가 아니다. 물론 외모도 뛰어나고 매력적이라면 금상첨화다. 그런데 둘 중 하나가 필요하다면 외모보다는 매력이 필요하다. 한때 소위 "꽃미남"이 대세였던 시기가 있었다면 요즘은 "뇌섹남"이라는 말이 신조어로 유행할 정도이다.

    예전 기사에서 본 기억이 있는데, 외모가 뛰어난 사람을 보게 되면 뇌의 감정적인 부분이 활성화 되지만 업무적으로 뛰어난 사람을 보면 이성적인 부분이 활성화 된다고 한다. 우리는 연애를 하는 것이 아니고 일을 하는 것이기 때문에 궁극적으로 매력적인 이미지를 갖춘 사람이 되도록 해야 한다.

그럼 매력을 드러내려면 어떻게 해야 할까? 먼저 전략적으로 나를 꾸며야 한다. 명품브랜드의 옷을 입거나, 치장을 하자는 말이 아니다. 때와 장소에 맞추어 옷을 입자. 단정하고 깔끔한 이미지는 더불어 자신감을 갖게 해준다. 나는 고객과의 미팅이 없는 날을 제외하고, 대부분 정장을 착용한다. 여성이라고 하여 꼭 치마 정장을 입을 필요는 없다. 정장을 입고 집 현관문을 나설 때에는 다른 사람이 된다는 마음가짐으로 출근 한다.

복장에 못지않게 신경을 쓰는 부분이 신발이다. 가장 중요한 것은 신발의 청결 상태이다. 디자인이나 브랜드는 중요하지 않다. 남성의 경우는 대부분 한 가지 종류의 정장용 구두를 신는 경우가 대부분이지만 여성의 경우는 조금 다를 수 있다. 거기에 대부분 운전을 하기 때문에 높은 굽의 하이힐을 계속 신고 생활한다는 것은 건강에도 안전에도 무리가 될 수 있다. 나는 운전석 아래에는 편한 드라이빙 슈즈를 준비해 두었고, 차의 뒷자석이나 트렁크에 색상별로 디자인별로 최소 2-3개의 구두가 항상 준비되어 있다.

한 번은 고객과의 미팅에서 펄이 들어간 골드계열의 구두를 신고 있었는데 그날 갑자기 가망고객의 가족 부고 소식을 들었다. 물론 그대로 간다고 하여도 업무를 하다 왔으니 이해를 하였겠지만, 차에 항상 신발이 준비되어 있기 때문에 검정색 구두로 바꿔 신고 조문을 하였다.

다음은 헤어스타일이다. 역시 가장 중요한 것은 두발의 청결 상태이다. 향기로운 사람을 싫어할 사람은 아무도 없다. 남성이야 간단히 스타일링이 가능하겠지만, 여성은 좀 다를 수 있다. 매일 샵에 가서 머리를 하고 출근을 하자는 것이 아니다. 적어도 삐침머리 상태로, 노란고무줄로 머리를 묶고 출근을 하거나 고객을 만나는 일은 없도록 하자.

다음은 손 관리이다. 우리는 고객을 만나면서 알게 모르게 손을 많이 보여주게 된다. 남성이라도 정갈한 손톱 관리가 필요하고 여성은 특히 너무 길이가 긴 손톱은 불편함을 주지 않을까 하는 생각이다. 이런 경우가 있었다. 외부 특강 때 만났던 한 교육생은 20대 중반쯤의 나이 라고 했다. 그런데 네일샵에서 연장 손톱을 부착하였다고 한다. 예쁘긴 하였는데 고객과 마주 한다면 어떨까 하는 생각이 들었다. 보기는 좋더라도 꽤 근거리에서 마주 앉아 대화를 나누는 경우가 대부분인데 주의를 해보면 어떨까 한다.

다음은 자세이다. 평상시 나는 최대한 허리를 곧게 펴고 걸으려고 노력한다. 구부정하지 않고 바른 자세를 취하는 것만으로도 이미지 개선에 효과적이며 자신감 있어 보인다.

다음은 표정이다. 길게 설명할 이유가 없다. 웃는 얼굴을 싫어하는 사람은 없다. 되도록이면 웃어보자. 오늘 나의 기분이 엉망이라 도저히 웃을 자신이 없다면 차라리 고객과의 미팅을 다음으로 미루는 편이 낫겠다.

다음은 목소리이다. 우리는 아나운서는 아니니 완벽한 발성이나 발음을 구사할 수는 없다. 하지만 너무 처지는 말투이거나 부정확한 발음이라면 고객을 만나는 데 있어 매력적으로 보이기는 어렵다. 어렵더라도 되도록 정확하게 말하도록 연습하자.

외부강의에서 이런 말을 하였더니 그렇게까지 해야 하냐는 질문이 돌아왔다. 그것은 개개인의 선택인 것이지 맞고 틀리고는 없다. 결국 이 모든 것이 첫인상을 결정하게 되고, 좋은 기억의 첫인상으로 남는다면 다음에 또 만나고 싶어지게 될 것이다. 나 또한 늘 의식해서 행동하고 노력하는 부분이다.

그럼 자신감을 어떻게 갖출 수 있을까? 위에서 말한 보이는 모든 것을 준비하기만 하면 없던 자신감이 갑자기 생기게 될까? 절대 그렇지 않다. 자신감은 내가 하는 일에 대한 정확한 설명을 할 수 있는 사람에게서 볼 수 있고, 그러려면 많은 공부가 필요하다. 개인영업이든 법인영업이든 어떠한 세일즈든지 다르지 않다. 대상만 다를 뿐 세일즈를 함에 있어 정확히 설명해야 하는 의무가 있고 고객의 질문에 대답해야 하는 의무가 있다.

후줄근한 차림새와 전문성을 볼 수 없는 영업인을 가까이 하고 싶어 하는 고객은 없다. 기왕이면, 이 두 가지 중에

한 가지만 가지고 있는 사람보다 두 가지를 모두 가지고 있는 사람이 되자. 그만큼 경쟁력이 더 있을 것이며, 고객에게 나를 좋은 이미지로 브랜딩 할 수 있는 밑거름이 되게 된다.

온라인 활용도 당연히 해야 한다. 나는 인스타그램과 블로그를 통해서 입사문의와 고객문의를 받고 있다. 더 정확히 나누어 보자면 인스타그램은 입사문의가 조금 더 많고, 컨설팅을 원하는 고객은 블로그에서 정보성 메시지를 전달하고 있으니 더 많은 편이다. 두 가지 플랫폼에서의 문의는 실제로 입사로 이어졌고, 컨설팅도 현재 진행 중에 있다.

취미용 SNS가 아니라면 행동 하나에도 사진 한 장에도 신경을 쓰자. 간혹 좋아요 수가 작아 실망하는 영업인도 보았다. 그런데 다시 말하지만 경험상 좋아요를 누르지 않아도 보고 있을 확률이 매우 높다. 그 점을 잊지 말고 늘 나를 보고 있다고 생각하고, 꾸준히 계속해서 알려 나가야 한다. 공짜로 나를 홍보 할 수 있는 SNS! 특히나 영업인이라면 반드시 하도록 하자.

시간이라는 무기를
최대한 활용하라

새로운 목표를 세우면서 두 번째로 하는 일이 바로 그 일을 성공시킬 데드라인을 정하는 것이다. 세운 목표를 언제까지 해낼 것이고, 그러려면 무엇을 어떻게 해야 할지 계획을 세워야 한다. 많은 사람들이 항상 시간이 없다고 한다. 성공을 위한 길을 갈 때 해결해야 하는 가장 핵심적인 문제는 바로 시간이다. 시간을 어떻게 사용할지가 관건이다. 인간에게 가장 공평한 자원은 바로 시간이다. 하루 24시간, 그 시간을 어떻게 사용하느냐에 따라 성공과 실패가 갈라진다.

예전 평생교육원에서 강의를 할 때 수강생들은 나보고 이런 말을 했었다. "어떻게 하면 강사님처럼 될 수 있을까요? 아이도 키우고 살림도 하고 일도 하는데 도대체 강사님의 시간은 다른가요?"라는 말을 많이 들었다. 그래서 나처럼 똑같이 해보시라 했는데, 대부분 아이도 키우고, 살림도 해야 해서 시간이 없다고 했다. 나도 아이를 키우고 살림을 했는데 말이다.

나만 하루가 48시간이고, 그들은 하루가 24시간이란 말인가? 그럴 리가 없지 않은가? 그건 본인이 시간 관리를 잘못하기 때문이다. 오늘날처럼 바쁜 세상에 살아가면서 이루고자 하는 일을 잘 해내려면 조금이라도 짬을 내서 자신의 시간을 배분하고 철저하게 사용해야 한다. 성공적인 기업들은 년 초에 회사를 어떻게 운영할 것인지에 대해 세부적인 계획을 세우며 시작한다.

직장인이라고 한다면, 회사에서는 규칙적으로 정해진 시간대로 생활할 수 있다. 그건 주어진 업무를 하기 때문이다. 하지만 세일즈는 다르다. 9시까지 출근하라는 사람도 딱히 없고, 6시까지 근무를 해야 하는 것도 아니다. 혹여 출근을 하지 않더라도 결근했다고 뭐라고 하는 사람도 없다. 월차를 내야지만 평일에 쉴 수 있는 것도 아니다. 그러니 세일즈는 진입장벽이 낮아 누구나 시작할 수 있지만 아무나 성공할 수는 없는 것이다.

스스로가 철저하게 타임테이블을 만들어 움직여야만 한다. 하루는 24시간이다. 보편적으로 사람들은 하루 24시간

중 8시간은 일을 하고, 8시간은 잠을 잔다. 이렇게 본다면 나에게 남은 시간은 대략 8시간이다. 그러면 평일 5일 기준 하면 40시간이고, 주말에는 자는 시간을 제외하고 2일 기준 하면 무려 32시간이다. 물론 그 시간 중에 출근을 하거나, 고객을 만나기 위해 이동하는 시간이 있다고 하더라도 사용할 수 있는 시간이 꽤나 많은 편이다.

　문제는 '이 시간을 어떻게 활용하는가?'이다. 이 시간을 세운 목표를 향해 달려가면서 성공하기 위한 시간으로 쓰고 있는지, 아니면 소파에 누워 TV를 보며 쓰고 있는지, 스마트폰을 들고 게임이나 하고 있는지, 특히 영업에 필요한 동기부여를 받겠다며 유튜브만 들여다보고 있는 것은 아닌지 생각해 볼 필요가 있다. 동기부여 영상만 시청하고 일에 몰두한다면 상관없지만, 속절없이 시간이 흘러 끝에는 다른 영상을 시청하고 있을 확률이 매우 높다. 그러니 조심해야 한다.

　한 조사에 따르면 보통의 사람들은 하루에 7시간씩 TV를 본다고 한다. 요즘은 그것이 스마트폰으로 바뀌었다. 대부분의 사람 들이 하루 7시간 이상 스마트폰을 사용하고, 그 중에 절반 이상의 시간이 SNS에 사용하는 시간이라고 한다. 물론 업무상으로 인해 스마트폰을 이보다 더 많이 쓸 수도 있겠다. 하지만 진심으로 한 번 생각해 볼 필요가 있다.

　나는 뉴스 외에는 거의 TV를 보지 않는다. 인터넷에서
모든 정보를 접하다 보니 일주일 동안 TV를 켜지 않은 적
도 많다. 즐겨 하는 게임도 한 가지씩은 있을 텐데, 내 스
마트폰에는 게임을 설치한 적도 없으며, 특히나 요즘 많은
사람들이 시청하고 있는 넷플릭스 역시 가입을 한 적도 설
치를 한 적도 없다.
　온라인 쇼핑을 할 때는 필요한 것만 검색하여 바로 사고,
최저가를 찾기 위해 시간을 들여 웹서핑을 하지 않는다.
오프라인 쇼핑을 할 때 에는 아이쇼핑은 해 본 적이 극히
드물다. 뭐가 필요한지 사야 할 목록을 정하고, 사전에 그
물품은 몇 층에 있는지 확인하고 바로 필요한 물건을 사는
편이다. 이렇게까지 팍팍하게 살아야 할까? 하는 생각이
들 수도 있다. 하지만 계속 반복하여 습관을 들인다면 그
것이 기본값이 되기 때문에 불편하지 않다.

　그럼 효과적으로 시간을 활용하려면 어떻게 해야 할까?
**첫 번째, 내가 오늘 해야 할 일이 무엇인지 전체적으로 파
악이 필요하다.** 일일 계획표까지 만들 필요는 없겠지만 나
는 스마트폰의 일정 관리앱을 사용한다. 그래야 어떤 일에
얼마만큼의 시간이 걸릴지 또는 이동하는 데 시간이 얼마

나 걸릴지를 계산해 볼 수 있기 때문이다. 주로 전날 저녁에 체크 하는 편이다.

두 번째, 우선순위를 결정해야 한다. 일정에 있긴 하지만 변경이 가능한 일정인지, 확실하지 않은 일정은 아닌지 등을 파악한다. 그래야 새어 나가는 시간을 막을 수 있다. 이것은 주로 일주일 전에 해 놓는 편이다.

세 번째, 고객과의 미팅이나 입사미팅과 같은 일정은 내가 임의로 시간을 조정할 수는 없다. 하지만 혼자 하는 일정은 시간을 정해놓고 미루지 않으며 시작했다면 그 시간 안에 끝낼 수 있도록 최선을 다하는 편인데 주로 알람을 맞춰 놓는다. 또는 반대로 몰입이 필요한 일을 한다면 스마트폰은 무음으로 놓고 일을 한다. 스마트폰에는 희한한 특성이 있어서 내가 지배하려고 노력하지 않으면, 내가 스마트폰에 지배당하게 된다. 그러면 시간관리는 실패다.

영업을 처음 시작 했을 때에는 워낙 운전을 많이 했기 때문에 시간을 아끼기 위해서 이동하는 시간 활용을 많이 했다. 고객을 섭외하기 위한 TM을 하거나, 영업에 필요한 온라인 교육을 듣기도 했고, 책을 읽을 시간도 아끼기 위해 오디오북을 듣기도 하였다. 물론 안전운전을 해야 하기 때문에, 방해 되지 않는 선에서 하였다. 대부분의 성공한 사람들은 한 주에 40시간 이상 일하고, 그 이상 50, 60, 70시간씩 일하는 경우도 다반사이다.

　나는 한 번 목표를 정하면 그 일이 궤도에 오를 때까지 자는 시간 외에는 거의 일만 하는 편이다. 입사 미팅을 많이 하는 요즘 젊은 청년들도 만나게 되는데 사회생활을 하는 데 있어 무엇이 중요하냐고 물으니 다수가 워라밸이라고 답한다. 물론 그 또한 틀리지 않다. 일과 삶의 균형이 있어야 인생이 행복할 수 있기 때문이다. 그런데 목표를 설정했거나, 또는 새로운 일에 도전하는데 워라밸부터 먼저 찾는다면 그건 성공하고 싶지 않다는 것 아닌가? 그러므로 시간에게 놀림당하고 싶지 않다면, 시간을 죽이지 말고 잘 사용하자.

명품
연기자가 되라

사회생활을 하고 있다면 좋든 싫든 연기자가 되어야 한다. 직장에 다니고 있든, 아르바이트를 하고 있든, 자영업을 하고 있든, 특히 세일즈를 하고 있다면 더욱 그러하다. 연기를 하라거나 연기학원이라도 다니라는 의미는 아니다.

우리가 새로운 일을 시작할 때, 또는 익숙해진 일이라고 하더라도, 언제든 새로운 상황은 발생할 수 있으므로 모든 걸 완벽히 숙지한 후 일할 수는 없다. 다만 어느 정도의 준비가 되었다면 예외 상황이 생겨도 융통성을 발휘해 처리할 수 있다.

법인영업을 시작하고 다행스럽게 생각했던 부분은 내가 다년간 교육과 강의를 진행하면서 이미 다양한 연령대의 사람을 만난 경험이 풍부하다는 점이었다. 그래서 주로 대면하여 프레젠테이션 형태로 진행하는 방식의 일을 하다 보니, 법인영업에서 전혀 경험이 없는 초보였음에도 불구하고, 초보티가 비교적 나지 않았다.

고객을 방문하기 전에, 미팅 자료를 보면서 발표하는 연습을 반복했다. 이는 성공적인 결과를 얻기 위해 당연히 필요한 준비 과정이었다. 하지만 아무리 준비하고 연습했다 하더라도 생각지도 못한 질문을 받기도 하는데, 그럴 때 '연기자'가 되라는 것이다. 즉 당황하지 말고 자연스럽게, 자신감 있는 태도를 유지하면서, 유연하게 대처하는 것이다. 한 가지 예를 들어본다. 나는 법인컨설팅 중에서도 가업을 승계하거나 자산 이전을 위한 상속 증여와 관련된 컨설팅을 주로 담당한다. 상속세란 말 그대로 부모님의 사망이후 발생하는 것이고, 증여세는 부모가 살아 계실 때 발생한다.

우리나라에서 가장 비싼 세금은 상속세와 증여세이다. 최고 세율은 50%를 적용받는다. 이것은 우리나라뿐만 아니라 이미 전 세계에서 가장 높은 수치다. 국세청 통계에 따르면 상속세를 낸 사람 중 30억 이상의 고액 상속을 받는 사람의 비율은 약 4%대 이며, 이들이 납부한 상속세는 전체 상속세의 60%가 넘는다고 한다. 이것은 바로 누진세율 때문에 생긴 현상이라 볼 수 있다. 그래서 상대적으로 다른 세금에 비해 훨씬 부담이 클 수밖에 없다.

그러다 보니 고객의 대부분은 상속세와 증여세에 민감하기도 하지만, 관심도 매우 많은 편이다. 상속세와 증여세는 과세표준액에 따라 세율이 정해지는데, 두 가지 세율은 동일하다. 하지만 과세 방식은 다르다. 상속세는 유산세 방식을 취하고 있으므로 피상속인의 모든 자산을 합하여 상속이 발생한 시점에 평가한다. 여기에 10년 안에 사전증여를 했더라도 상속 발생 시점에 다시 포함하여 과세를 하고 있다.

반면에 증여세는 취득 과세 방식으로 수증자가 취득한 자산을 기준으로 세금을 부과하고 있다. 그러다 보니 상속세에 비해 낮은 과세 표준 구간에 해당되게 된다. 그래서 두 가지 세율은 동일하지만 증여받은 그 금액만 적용받기 때문에 사전증여가 상속세를 납부하는 것보다 유리하다. 그러나 어찌되었든 둘 다 과세표준액이 30억 원이 넘으면 50% 최고 세율을 적용받는다.

그런데 일을 시작하고 얼마 되지 않았을 때 생각지도 못했던 실수를 했다. 상속 증여세의 과세표준 구간이나 적용 세율 그리고 누진 공제액까지 다 잘 외웠다고 생각했고 대부분 고객은 이 세 가지 질문을 가장 많이 하였다. 그러던 어느 날 한 고객께서 "상속세하고 증여세는 얼마 안에 내야 하지요?"라고 질문하였다.

알고 있던 것인데 갑자기 헷갈렸다. 그리고 "6개월 이내에 내서야 합니다"라고 답변하였는데, "둘 다요?"라고 다시 반문하셨다. 왜냐하면 상속세는 6개월 이내에 내야 하고, 증여세는 3개월 이내에 내야 하는데 신고 납부하지 않으면 일자로 계산하여 가산세가 더해지기 때문이다. 다행히 완전히 몰랐던 것이 아니고, 잠깐 헷갈렸던 순간이라 반문하실 때 눈치로 바로 깨달았다. 그렇다고 즉시 죄송하다거나 하는 말은 하지 않았다. 사실 당황하였으나 최대한 당황하지 않은 척 하면서 "아! 제가 상속세만 말씀드렸습니다. 상속세는 6개월, 증여세는 3개월 이내에 납부하셔야 하고, 미신고시 지연 일자로 계산 추가하여 가산세까지 내야 합니다."라고 최대한 자연스럽게 넘어갔다.

연기자가 되자는 말은 당황스러운 상황을 만나더라도 자연스럽게 넘길 수 있는 여유를 연기하자는 뜻이다. 모든 관계에서 연기자가 되어야 할 때가 사실 많다. 그러나 세일즈를 하고 있다면 더욱 필요하다. 자신감이야말로 게임에서 승리로 이끌어주는 원동력이 된다. 그러려면 아무것도 모르는 백지상태에서는 불가능하다. 나의 분야에 대해서 평소에 공부를 많이 해야 하는 것은 말할 필요도 없다.

세일즈를 하면서 연기는 어느 때에 필요한가? 바로 불필요한 감정을 들키지 않기 위해서도 매우 필요하다. 감정까지 숨겨가면서 일을 해야 할까? 하는 생각이 들 수도 있지만, 고객을 만나는 자리에서는 프로페셔널한 태도가 필요하므로 감정을 조절할 수 있어야 한다. 고객이 만약 나에게 기분이 상하는 말을 했다고 가정해보자. 그런데 바로 티가 나도록 컨트롤 하지 못한다면 어려운 상황을 만들 수 있다. 감정노동을 하라는 것이 아니라, 그러한 상황을 만나더라도 연기자가 연기하듯이 슬기롭게 넘겨보자는 것이다.

쉬운 일은 아니다. 어느 정도 사회생활로 단련이 되어 있지 않다면 나의 감정을 내가 컨트롤 하는 일이 어려울 수 있다. 그래도 계속 노력해보자. 그럼 결국 할 수 있게 된다. 여기서 중요한 것이 있다. 연기를 했던 상황에서 힘든 감정이 남아있다면, 나만의 방법을 찾아 반드시 그 힘든 감정을 해소해야 한다.

비즈니스라는 게임에서 멘탈을 놓치는 일은 성공할 확률이 낮아지는 것이다. 마치 연기자처럼 연기를 하였는데, 혹시라도 힘든 감정이 남아있다면 그 감정을 버릴 나만의 휴지통을 반드시 마련해 두자. 그래야 오래 일 할 수 있다!

공짜는 없다.
돈을 쓰라

"어떻게 해서 성공하셨어요?" 또는 "어떻게 하면 성공 할 수 있어요?"라는 질문을 받고 있다. 아직 성공했다고 하기엔 너무 부족하지만, 질문을 하는 요지는 어떻게 빨리 자리를 잡게 되었나요? 라고 생각한다. 그런데 뭔가 임팩트 있는 간결한 답변을 기대하는 것 같을 때가 있다.

두 가지로 볼 수 있다. 하나는 "정말 특별한 비법이 있지 않을까?"이고, 다른 하나는 "지금 새로운 시작을 하려는데 불안합니다. 해도 괜찮을까요?"에 대한 답변을 명쾌하게 해주길 바라는 느낌이 든다. 반복하여 말하지만 남들은 모르는 나만의 특별한 비법은 없으며 그저 평범한 일을 비범하게 잘 할 수 있도록 노력하는 것이고, 나 또한 잠을 이룰 수 없을 정도로 불안한 마음을 가지고 시작하였다. 누구나 같은 마음이다. 이 두 가지에 대한 완벽한 답변을 듣고 시작하길 원한다면 평생 행동하긴 어렵게 된다.

　하고자 하는 목표를 정하고, 그 목표를 이루려면 어떻게 해야 할까? 모르는 것은 공부하고 배우면 되고, 최종적으로 행동하면 된다. 이걸 모르는 사람이 있을까? 요즘 세상이 너무 좋아져서 노트북 하나만 있으면 손가락 몇 번의 움직임으로 많은 정보를 얻을 수 있다. 심지어 노트북 없이 스마트폰 하나만 있어도, 침대나 소파에 누워서도 얼마든지 가능하다. 나 역시 처음에는 그렇게 법인영업에 접근했다. 모든 포털사이트를 검색하고, 거기서 답을 찾으려고 했었다. 여기서 유의할 점 한 가지가 있다. 그러다 보니 내가 많이 알고 있다는 성급한 일반화의 오류에 빠지게 된다는 사실이다. 어디서든 한 번 이상 보고 들었기 때문에 마치 내가 그것을 다 알고 있다고 착각하게 되는 것이다.
　무엇이든 직접 체험하고 깊이 있게 공부를 해야 진짜 내 것이 된다. 강의를 하면서 많이 하는 말이 있다. "내가 아는 것을 다른 사람에게 설명할 수 없다면 그것은 모르는 것이다." 알고 있다고 생각하는 것이 있다면 다른 사람에게 설명할 수 있는지 체크해 보자. 공짜 정보, 누구나 검색하면 나오는 정보로 얼마나 성장할 수 있다고 생각하는가?

법인영업이라는 듣지도 보지도 못한 이 분야에 들어와서 하얀색은 종이였고, 검정색은 글씨였던 상태로 나 또한 시작했다. 그러나 이제 재무제표만 보고도 기업의 스토리를 짐작하고 고객의 애로사항을 생각해 낼 수 있게 되기까지, 이 모든 과정이 과연 공짜 정보로 가능하겠는가? 법인영업, 법인컨설팅이라는 분야에서 컨설턴트 역할을 하려면 생각보다 많은 분야를 알아야 한다. 내가 공부하지 않아서 단편적인 지식으로 고객에게 잘못된 정보를 전달한다면 그 리스크는 개인 고객을 상대할 때와는 차원이 다르기 때문이다.

인터넷에서 떠돌아다니는 무료 정보로 컨설턴트에게 필요한 지식을 채우는 것이 가능하겠는가? 당연히 비용을 들여서라도 교육을 듣고, 책도 많이 읽고, 투자를 해야 한다. 배우는 것에 돈을 아끼자 말자. 어떻게 투자도 하지 않고, 그저 돈을 많이 벌길 바라는가? 공짜는 당연히 한계가 있다. 반드시 돈을 써야 한다. 그래야 성장을 할 수 있다.

예전 한 기업고객의 상담 중 대표님은 부동산에 대해 질문 하셨다. 그 당시 부동산 쪽까지 공부하지는 못했고, 그리고 우리나라의 부동산 정책이라는 것이 정말 시시각각으로 변하기 때문에 굉장히 심혈을 기울여 공부하지 않는다면 문제가 생길 수 있다. 그런데다가 당시에는 부동산강의나 교육까지 들을 수 있는 시간적 여유도 경제적 여유도 없었다. 그리하여 문의하신 내용을 포털사이트를 검색해 봤다. 그리고 플랫폼의 무료 강의를 검색해서 들어보았고 팩트 체크도 하지 않은 상태로 답변을 하였다. 그리고 얼마 후에 된서리를 맞았다. 내가 나름대로 공부했다고 생각했던 공짜 정보에 대한 부분은 성급한 일반화의 오류였다. 매우 단편적인 부분만 봤던 것이다. 그리하여 내가 드렸던 답변은 결국 잘못된 대답이 되었다. 물론 고객께서 바로 실행을 하여 실제로 금전적인 손해를 보거나 한 것은 아니지만 나는 이미 신뢰를 잃었다.

그리고 보니 나 자신이 참 한심스러웠다. 수억에서 수십억이 오고 가는 일인데, 어떻게 검색 몇 번으로 대답할 생각을 했는가 말이다. 이후 전문 세무법인이나 회계법인에서 주최하는 강의나 교육을 찾았다. 1시간 30분에서 2시간쯤 듣는 강의인데 비용은 20-30만 원쯤 하였다. 초보인 내가 이해하긴 다소 어려운 부분도 있었지만, 유료비용을 지불하고, 상속이나 증여에 관해 나름대로 체크해 나가며 정확한 공부를 할 수 있었다.

성공의 정의가 무엇일까? 돈을 많이 벌게 되면 성공일까? 단순히 돈으로만 그 가치를 정할 수 있을까? 나는 성공은 곧 성장이라고 생각한다. 잘 몰라서 실수할 수도 있다. 그것이 실수 였다는 것을 깨닫고 깨우친 이후에 어제와는 다른 내가 되어 있다면 그것은 곧 성장했다는 뜻이다. 그 성장이 더디더라도 매일매일 쌓이면 곧 성공에 가까워지게 된다.

나 역시 아직도 갈 길이 멀고, 매일매일 계속해서 성장해 나가려고 노력하고 있다. 목표를 설정했는데 포털사이트에서 무료정보만 검색해서 배우려고 한다면 절대 성장할 수 없다. 여기서 더 중요한 것이 있다.

유료강의나 정보라고 하여 전부 도움이 되지 않는다는 것도 경험해 보았다. 잘 포장된 마케팅에 속아 막상 들어보니 돈이 아까웠던 교육도 실제로 있었다. 결국 속지 않으려면 양질의 교육을 제공하는지 보는 눈을 키워야 한다. 그러기 위해서는 아깝다고 생각하지 말고 돈을 투자하여 정확한 배움을 이어 나가길 바란다.

엘리베이터
스피치를 하라

　디자인업에서 교육과 강의를 오래 해서인지 대화를 할 때 중간 중간 확인을 하고, 정리를 하며 말하는 것을 좋아한다. 어쩌면 습관이라고도 할 수 있겠다. 맞다 틀리다를 논하려는 것은 아니다. 그런데 보편적으로 미팅이 끝났을 때 대표님들께서는 "설명 한 번 시원하게 잘하네" 혹은 "아! 이제 무슨 말인지 알겠네, 지난번에도 그 비슷한 걸 설명하러 왔다 간 사람이 있었는데 도대체 무슨 말인지 모르겠더니만."과 같은 반응을 주로 보여 주신다.

　엘리베이터 스피치 기법은 나에게는 특히 전화로 상담할 때 더 빛을 발한다. 이직을 원해 입사 상담을 요청하는 경우 먼저는 카톡이나 문자로 연락이 오기도 하지만, 직접 전화를 하는 경우가 더 많다. 그 때 상담을 하고 나면 내게 한결 같이 너무 설명을 잘해주서서 이해가 잘되었다는 말을 한다.

엘리베이터 스피치라는 말을 들어보았는가? 할리우드 영화계에서 시작되었다고 한다. **엘리베이터를 타는 짧은 시간 10초에서 길어야 1분 이내에 내 생각을 상대방에게 전달하는 것**을 말한다. 영화를 제작하는 사람들은 투자자들을 많이 만나게 될 텐데, 이때 영화감독이나 작가가 어떻게 작품에 대해 빨리 이해시키고 호감을 얻을지를 고민하면서 나온 개념이라고 한다.

세계적인 경영컨설팅 기업인 맥킨지에서는 엘리베이터 스피치 훈련을 직원들에게 시키는 것으로 유명하다. 바쁜 고객들의 특징은 미팅 시간을 잡기가 어렵다는 것이다. 간신히 시간을 정해 약속을 해놓았다고 해도 갑자기 취소되는 사례가 빈번하다. 그래서 CEO를 만났을 때 짧은 시간 동안 강렬하게 보고하고 말할 수 있도록 훈련한다. 이러한 스피치 방법은 말하는 이에게도, 듣는 이에게도, 깊은 인상을 남겨줄 수 있는 기술이다.

꼭 1분 안에 설명을 해야 하는 스피치 기법이라기보다, 우리가 만나는 고객 대부분은 그래도 1분 이상의 시간을 내어주는 경우가 많으니 "명료한 스피치" 기법이라고 생각하자. 여기서 말하고 싶은 것은 미팅 마무리 시점에 반드시 내가 말하고자 하는 것을 간결하게 정리해 주어야 할 필요성이 있다는 것이다. 고객에게도 나에게도 시간은 소중하다. 미팅을 한참 하였으나, 마무리 시점에 "그래서 뭘 말하고 싶은 거예요?"라는 말을 들었다면 그 미팅은 실패한 것이다.

간결하고 명확하게 설명하려면 미리 준비를 해야 한다. 법인컨설팅이라면 적합한 솔루션이 될 것이고, 개인영업이라면 적합한 상품이 된다. 컨설턴트인 내가 먼저 정확히 파악하고 있지 않다면 어려운 설명을 하게 되고 미팅은 실패로 이어질 수 있다.

모든 세일즈에서 기회는 여러 번 주어지지 않는다. 연습도 실전이라고 생각하고 정식으로 하자. 짧지만 강렬한 인상을 남기고 싶다면 엘리베이터 스피치를 연습해 보자. 그러면 전달력이 향상되는 것을 경험할 수 있게 될 것이다.

100%에서
1%만 더하라

"열심히 하지 말고, 잘하자."라는 말을 들어보았을 것이다. 본인의 일에 임하는 사람들 중 열심히 하지 않는 사람은 없다. 입사 미팅을 많이 하는 요즘 특히 많이 듣는 말인데, "저는 열심히 했는데 왜 잘 안될까요?"이다. 그의 말이 사실이라면, 그는 열심히는 했으나 잘못된 방향으로 했든지, 아니면 열심히 했다고 착각하고 있는 것이다.

어떤 일을 하든지 사람들이 기대하는 것보다 조금만 더 해보자. 그 대상이 고객이든 내가 속한 조직에서든 다르지 않다. 직장 생활을 하고 있다면 정각 6시에 퇴근 할 것이 아니라 15분쯤 뒤에 퇴근을 해 보자. 그럼 또 이렇게 말하는 사람이 있을 것이다. 퇴근 시간이 되어서 퇴근 하는 게 당연하지 뭐가 문제인가요? 먼저 기버가 되어 조금만 더 해보자. 모든 일을 할 때 100% 완벽하다고 생각이 든다면 거기에 1%만 더해서 차별성을 가져보자. 그러면 언제나 조금 더 노력함으로써 순식간에 동료들을 제치고 도약할 수 있을 것이다. 대부분의 사람들은 100%를 다 채우지도 못한다. 그러면 1%만 더 한 것 같지만 결국 50% 이상을 더한 결과를 가져오게 된다. 이 작은 노력은 나만의 차별성이 되어 더 빠르게 나를 성장 시켜준다.

나는 현재 보험 세일즈를 하고 있다. 요즘에는 이직을 하기 위해 나를 만나러 오는 사람들이 많다. 다들 각자의 사정과 이유가 있다. 그런데 이야기를 들어보면 현재 소속에서 다른 소속으로 옮기려고 하는 데는 일이 힘든 점 보다는 사람과의 관계에 문제가 생겨 신뢰가 깨짐으로 이직을 결심하게 되는 경우가 많다. 그렇다! 일이 힘들다면 어떻게든 버텨 볼 수도 있겠지만 사람과의 관계는 버틴다고 되는 일이 아니다. 어찌 보면 빠르게 결단을 내리고 새로운 곳에서 새 출발을 하는 것도 방법이 된다.

나의 가치를 증명하기 위해 항상 자신에게 현재의 직업 또는 현재의 사업을 위해 어떤 일을 더 할 수 있을까? 를 묻도록 해보자. 노력을 하면 할수록 어떠한 형태로든지 반드시 더 많은 보상이 돌아오게 된다.

"비슷한 사람들이 이미 많이 왔다 갔어요." 법인영업을 처음 시작하고 가망고객을 발굴하기 위해 기업을 방문하러 다니면서 가장 많이 들었던 말이다. 그러던 어느 날 한 기업을 방문하여 인사를 하고 명함을 건네 드렸는데, 일부러 그러셨던 것 같지는 않고 명함을 놓치시는 바람에 명함이 바닥으로 떨어져서 다시 주워 전달을 해드린 적이 있었다. 그때 탁자 아래를 잠시 보게 된 적이 있었는데 실제로 적지 않은 명함과 안내 책자가 쌓여있는 것을 볼 수 있었다.

미팅이 끝나고 나오면서 생각을 한 번 해봤다. 조금 전 드렸던 내 명함도 저 탁자 아래 어디에 같이 쌓여있겠구나. 어쩔 수 없이 나를 만나시기는 했지만, 과연 내 이름 석 자라도 기억이나 하시겠는가? 그 이후부터 이렇게 했다.

미팅이 끝나고 나오면 5분 안에 바로 카카오톡으로 인사 메시지를 남겼다. "바쁘신 중에 시간을 내어주셔서 감사드리고, 저와 인연이 되어주셔서 감사드립니다. 앞으로도 기업 운영에 도움이 되실 정보로 종종 인사를 드리도록 하겠습니다. 좋은 하루 되십시오."라고 적고, 소속과 이름 직책을 남겼다. 그랬더니 그 후에도 카톡으로 인사를 드리면 기억하시고 답장이 종종 오기도 하였다.

여기서, 대면 미팅을 했다면 반드시 카카오톡을 이용해 인사하길 추천한다. 일반 문자메시지는 보내지 말자. 문자 메시지는 나를 표현할 수가 없다. 무슨 말인가? 세일즈는 결국 나를 알리는 일이다. 유형의 상품을 팔든, 무형의 상품을 팔든, 어떤 식으로든지 필요한 가치가 전달되었을 때 고객은 나를 선택하는 것이다. 그러려면 곧 내 외모를 파는 것과 같다.

세일즈를 하기 위해 성형수술을 하라는 말이 아니다. 영업인에게 카카오톡은 엄청난 영업 무기가 된다. 카카오톡에는 프로필 사진을 등록하고 한 줄 메시지로 나를 표현할 수 있다. 그런데 어떤 영업인은 본인의 카톡인지 아닌지도 알 수 없는 의미 없는 사진을 프로필 사진으로 두거나, 혹은 한 줄 메시지를 쓰는 자리에 부정적인 글을 남겨놓는 경우를 보았다. 그런 자세라면 분명히 영업을 잘하는 사람은 아니다.

잘되었든 잘못되었든 현재 우리는 대단히 시각적인 사회에서 살고 있다. 흰 티셔츠에 청바지를 입고 고객을 만날 수도 있겠다. 자유이니까. 하지만 세일즈를 하는 사람이 본인의 외모를 가꾸지 않는다는 것은 말도 안 된다. 명품이나 비싼 옷을 입고, 비싼 신발을 신으라는 말이 아니다. 타인을 만났을 때 첫인상은 대부분 외모에서 결정된다.

지금 본인이 성공적인 사람처럼 보이는 복장을 하고 있는지 한 번 살펴보도록 하자. 구겨진 옷을 입지는 않았는지, 구두가 혹시 더럽지는 않은지, 머리는 단정한지, 영업인이라면 반드시 외모에 신경을 쓰자. 또한, 카카오톡의 프로필을 누가 봐도 전문가답게 느껴질 수 있도록 꾸미자. 조금 특별한 고객을 만났다면 미팅이 끝난 이후 카카오톡으로 인사말을 남길 때 가볍게 커피 쿠폰이라도 선물해보자, 5,000원의 위대함을 느낄 수 있다. 1%만 더 해보자. 그럼 그 결과가 분명히 몇 배가 되어 다시 나에게 돌아오게 된다.

관점을
바꿔라

10년 전쯤 어느 대학의 유아교육과에서 1학년을 대상으로 아동미술디자인 강의를 한 적이 있었다. 대학 새내기로 이제 입학한지 얼마 되지 않아 성인이긴 하지만, 내가 보기에는 아직 귀여워 보였다. 실습형이고 연속 수업으로 진행되었기 때문에 하루에 최소 3시간 이상씩 진행되었다. 그러던 어느 날 쉬는 시간이었는데, 화장실을 다녀오다가 흡연을 하고 있는 학생들을 보았다. 당연히 이제 그 학생들은 성인이었기 때문에 흡연을 하는 것이 잘못 되었다고 말 할 수는 없었다. 그래도 흡연을 하지 않는 나의 입장에서 볼 때에는 건강에 좋지 않은 것이 사실이고, 향후 출산도 할 수 있고 하니 흡연하지 않으면 좋겠다는 생각이 들어서 "길에서 여학생이 흡연하는 것은 좋지 않은 것 같아"

라고 말하였다. 그런데 내 생각과 다르게 앞뒤 다 자르고 말했더니 학생들은 "지금 시대가 어느 시대인데 교수님 그런 말씀을 하세요?"라며 매우 기분 나빠하며 담배를 계속 피웠다.

수업을 하러 들어갔는데, 뭐라 설명할 수 없는 차가운 기운이 감지되었다. 나쁜 뜻은 없었다고 일단 사과를 하고 마무리를 하였는데, 아차 싶은 생각이 들었다. 그런 의도는 아니었는데 말이라는 것이 참으로 무섭구나. 그 학생에게 상처를 주었다고 생각하니 더 미안해졌다. 그리고 다음 주에 다시 수업을 하러 갔는데 이번에는 다른 학생들이 흡연을 하는 것을 보았다. 그냥 지나칠까 하다 그래도 다시 한 번 말을 건넸다. 대신 다른 방법을 선택했다.

"애들아! 너희 유아교육과에 왜 왔니?"라고 질문하였다. 뜬금없는 것 같다고 생각하는 것 같았지만 학생들 대부분이 "저는 아이들이 너무 좋아요"라고 답하였다. "그렇지! 졸업하면 유치원 교사가 되려고 하는 거지? 그럼 그 예쁜 아이들에게 기왕이면 더 좋은 향기가 나는 선생님이 되면 어떨까?"라고 만 말하였다. 그랬더니 학생들은 내 말이 끝나기가 무섭게 피우던 담배를 껐다. 똑같이 흡연을 하는 상황이었지만 내가 바라보는 관점을 바꾸어 말을 건넸더니 상대방을 기분 나쁘게 하지도 않았고, 스스로 행동하게 할 수 있었다.

이런 경우도 들었다. 공유 숙소를 운영하는 분이었는데 "쓰레기는 꼭 분리수거를 해 주세요!"라고 메시지를 붙여 놨지만, 투숙객 중에 다수가 분리수거를 하지 않고 그냥 퇴실을 했다고 한다. 그런데 관점을 바꾸어 "지구를 위해 쓰레기는 꼭 분리수거를 해 주세요!"라고 메시지를 바꿔 붙여 놨더니 대부분의 투숙객이 실제 분리수거를 잘하고 퇴실을 했다는 것이다. 앞의 메시지 "쓰레기는 꼭 분리수거를 해 주세요!"는 마치 숙소를 운영하는 주인이 편하게 하기 위함인 것 같은 느낌이었다면, 뒤의 메시지 "지구를 위해 쓰레기는 꼭 분리수거를 해 주세요!"는 마치 내가 분리수거를 한다는 것 자체가 지구를 살리는 길이라는 느낌을 주었기 때문이었던 것으로 생각된다. 이처럼 관점을 바꾸는 리프레이밍은 상대방에게도 나에게도 좋은 영향을 미치게 된다.

우리가 성공하기 위해 목표를 세우지만 현실은 성공에 이르기까지 무수히 많은 장애물과 어려움을 만나게 된다. 그렇다면 결국 이 문제들을 해결해야 한다. 해결방안을 찾는 기술은 부모님에게서 물려받는 것이 아니다. 나 스스로가 문제가 생겼을 때마다 해결해 낼 수 있는 기술을 개발해야만 한다.

어려운 문제를 만났을 때 고정관념이나 단편적인 생각 편견에서 벗어나야 한다. 그러나 대부분은 이러한 생각에서 벗어나지 못한다. 이는 문제를 창의적 시각으로 바라보는 것이 습관화되지 않아서이며, 연습하면 할수록 누구나 문제에 대한 고정관념에서 벗어날 수 있다.

박용후 작가의 〈관점을 디자인하라〉는 책이 있다. 이 책에 보면 이러한 글이 나온다. 사람들은 흔히 문제가 생기거나 일이 제대로 풀리지 않으면 방법론을 들고 나온다. 방법을 달리하면 문제가 풀릴 것으로 생각하기 때문이다. 물론 틀린 이야기는 아니다. 하지만 좀 더 근본적인 해결이 필요한 경우가 있다. 그럴 경우 반드시 필요한 것이 본질에 접근하는 힘이다. 정리하자면, 생각의 벽에 부딪힐 때 뒤돌아 가는 것을 망설이거나 부끄러워하지 말라는 것이고, 다음으로 모든 생각을 내려놓고 원점으로 돌아가 본질을 재해석할 필요가 있음을 인정해야 하는 것이다.

이 책은 개인적으로 좋아하는 책이다. 사업실패로 힘들었을 때, 법인영업을 시작하고 힘들었을 때 한 번씩 위의 글귀를 다시 찾아 읽어보곤 했다. "원점으로 돌아가 본질을 재해석한다" 이것은 결국 재구성 "Reframing"을 해야 한다는 말이고, 어떤 일의 기본 틀을 다시 짜는 것을 말한다.

2023년 연도대상 수상으로 유럽 해외 연수 일정 중 비엔나에서 〈구스타프 클림트〉의 전시를 관람한 적이 있다. 클

림트의 그림 중 가장 많이 알려진 "키스"라는 그림이 기억에 남는다. 사랑으로 가득한 남녀가 키스하는 모습인데, 어떤 이들은 그 장소가 꽃밭이라고도 하고, 또 어떤 이들은 그 장소가 절벽이라고도 한다. 정답은 그림을 그린 화가만이 알겠지만, 어떠한 프레임으로 바라보는지 혹은 리프레이밍 했는지에 따라서 꽃밭이 될 수도, 절벽이 될 수도 있다. 생활 속에서 마주치는 문제들도 마찬가지이다. 문제를 만났을 때 리프레이밍 하면 그 문제를 해결할 수 있는 능력이 생기게 된다. 때때로 그 문제라는 것이 바라보는 관점에 따라서 작아질 수도 커질 수도 있다.

일상생활에서도 그렇지만 특히나 세일즈를 한다면 사람과의 관계에 더 민감하고 신경이 쓰일 수밖에 없다. 그건 동료와의 사이에서도 그렇고, 고객과의 사이에서는 더욱더 그렇다. 오늘 누군가 나에게 충고를 한다며 기분을 상하게 만드는 일이 발생했다고 가정해보자. 온갖 부정적인 생각들로 가득 차고 스트레스와 분노로 견딜 수 없을 정도라고 해보자. 그러한 감정들을 오래 가지고 가봐야 뭐가 좋을 일이 있겠는가? 특히나 세일즈를 하는 영업인에게는 그러한 감정들이 업적이나 생산성에도 영향을 미치게 된다.

이러한 부정적인 감정을 품고 일정을 망치거나, 하루를 망쳐버리는 행동을 한다면 그것만큼 어리석은 일이 없다. 이제 문제를 다른 방법으로 리프레이밍 해보자. 나에게 충고를 해줌으로써 실수를 덜 하게 해주었으니, 오히려 나에게 도움을 주었다고 말이다. 이렇게 생각하면 할수록 나의 가치는 올라가고 앞으로 더 많은 돈을 벌 수 있을 것이다. 상황을 리프레이밍 하면 부정적 감정을 빨리 끊어내고, 긍정적 감정으로 전환할 수 있다. 그러면 일도 더 잘하게 된다.

성공하지 못한 사람들은 어떠한 문제가 발생했을 때 그 문제에 대해 이야기 하는 것으로 하루, 이틀, 사흘, 또는 일주일, 혹은 한 달, 혹은 몇 달을 허비한다. 영업이 잘 안 되는 사람들 중 가장 많이 하는 말이 아마도 "경제가 좋지 않아서"일 것이다.

돌이켜 보건대 경제가 좋았던 시절은 별로 없었던 것 같고, 항상 어려웠다. 그러니 리프레이밍하여 관점을 바꾸고 본질을 향상 시키는 데 노력하자. 이렇게 하다 보면 멋진 아이디어와 해결책이 떠오르게 된다. One of them 이 되지 말고, Only one이 되어보자!

맞는 방향인지
확인하라

목표를 정하고 앞으로 가기만 하다 보면 지금 나아가고 있는 방향이 잘 가고 있는지 아닌지 모르게 된다. 시작하는 단계라면 세운 계획대로 옆이나 뒤를 돌아보지 말고 앞만 보고 가는 것이 맞다. 다만, 일정 시간이 지나고 중간 점검을 하는 단계라면 지금 가고 있는 방향이 맞는지 아닌지 반드시 확인을 해야 한다. 여기서 맞는 방향이란 현재 목표 하고 실행하고 있는 일이, 또는 새로 시작하는 일이 성향이나 적성에 맞는지 확인하는 것이 중요하다.

예를 들어본다. 보험 세일즈는 크게 두 가지 분야로 나누어 볼 수 있다. 개인고객을 대상으로 하는 개인영업과 기업고객을 대상으로 하는 법인영업이다. 하지만 개인영업을 하더라도 고객중에 사업을 하는 경우도 적지 않기 때문에 얼마든지 기업고객으로도 만나게 될 수 있다. 반면에 법인영업이라고 하더라도 미팅을 하게 되는 고객은 기업의 대표이기 때문에 개인의 보장분석이 필요하기도 하다.

결국 세일즈를 하며 고객은 오버랩이 될 수 있게 된다. 개인고객을 만나는 것이 나의 성향이나 적성에 맞다면 개인영업을 위주로 활동하면 되고, 기업고객을 만나는 것이 나의 성향이나 적성에 맞다면 법인영업을 위주로 활동하면 된다.

법인영업이란 주로 기업고객을 대상으로 하는 보험계약을 말한다. 그러다 보니 보험 가입 건수 대비하여 계약금액이 큰 편이고, 보편적으로 고액 계약을 하게 된다. 개인영업은 그에 반해 계약 금액이 작은 편이고 가입 건수는 많은 편이다. 보험업의 경험이 없던 나는 무조건 법인영업을 해야 돈을 많이 벌 수 있다고 생각했다. 그래서 개인고객을 만나는 영업은 생각을 해보지도 못했다. 또한, 그당시 소속되어 있던 회사는 법인영업을 주로 하였기 때문에 주변에 개인영업을 하는 사람은 없었다. 달리 말하면, 개인영업에 대해 배울 수 있는 기회 자체가 없었다. 보험업 경험도 없고, 개인영업 경험도 없는데, 어떻게 바로 법인영업을 해서 자리를 잡았냐는 질문을 정말 많이 받는다. 생각해 보니 개인영업을 해본 경험이 없기 때문에 오히려 법인영업에 더 매진할 수 있었다. 할 수 있는 일이 있다는 것은 득이 되기도 하고, 때론 독이 될 수도 있다.

만약 개인영업도 할 줄 알았다면 정해놓은 데드라인까지 법인영업으로 반드시 결과를 내겠다고 아무리 목표를 세웠어도 못했을 것이다. 나는 더 이상 물러설 곳도 돌아갈 곳도 선택할 것도 없었기 때문에 그냥 했다. 돌이켜 보면 숨이 턱까지 차오르도록 힘들었고 정말 열심히 노력한 것은 맞으나, 운도 좋았다고 생각한다.

또 이런 질문도 받는다. 건수도 별로 안 되고 고액 계약을 해서 좋겠다는 말이다. 처음엔 보험업에 대해 잘 몰랐기에 그런 줄만 알았다. 보험 수당은 내가 체결한 월납 보험료 대비하여 익월부터 수수료로 지급되는데 처음에 받을 때에는 액수가 많은 것 같아 좋다.

그런데 보험계약은 환수라는 제도가 있다. 일정 기간 동안 고객이 보험계약을 유지하지 못한다면 이미 받은 수수료를 다시 반환해야 한다. 더불어 앞으로 더 이상 받을 급여도 없어지게 된다. 감사하게도 현재 시점으로 유지율 100% 이기 때문에 환수로 인한 수당 반환은 아직 해본 적이 없다.

하지만 주변 사례를 보면 불완전판매로 인한 환수가 발생하는 경우가 생각보다 빈번했다. 특히 코로나 펜데믹 시기에는 기업에 어려움이 있어 부득이 계약을 해지 하는 경우도 잦았다. 뿐만 아니라 수당을 급여로 받고 난 이후 리스크에 대비하지 않고 계획 없이 지출하다가 환수가 발생하게 되었을 때 이를 상환하지 못해 신용에 문제가 생기는 경우도 보았다. 특히 법인영업은 고액 계약을 다루기에 계약에 문제가 발생 될 때 엄청난 리스크를 가지게 되는 것이다. "하이리스크 하이리턴"이라는 말을 들어 보았을 것이다. 법인영업이 그렇다고 생각한다. 장점이자 단점이라는 이야기다.

그럼 월납 금액이 보편적으로 적고 다건을 계약하는 개인영업은 나쁠 것 같은가? 잘 몰랐을때에는 그렇게 생각했던 적도 있다. 그러나 이제는 절대 그렇게 생각하지 않는다. 보험업에 몸담고 연차가 거듭될수록 반드시 개인영업이 필요하다고 생각하게 되었다.

나 혼자서 영업만할 때에는 몰랐는데 같이 일할 팀원을 맞이하면서부터 더욱 그런 생각이 들었다. 앞서 이야기 했던 것처럼 법인계약은 결과가 더디 나오는 편이다. 우리는 모두 자본주의 사회에서 살고 있고, 살아가려면 돈이 필요하다. 당연히 돈을 벌려고 일을 하는 것이다. 이 과정에서 법인영업은 결과가 더디 나오다 보니 팀원들의 정착이 힘든 편이다. 혼자일 때는 내 성향대로, 내 목표대로 내 계획대로 움직이면서 일을 했지만, 모두에게 나처럼 똑같이 해보라고 할 수는 없었다.

개인고객에게 받는 계약은 비교적 결과가 빠르게 나온

다. 고객의 재무상황을 파악하고, 니즈를 파악하고, 좋은 상품을 제안하여 클로징이 되면 계약이 성사된다. 개인 대 개인으로 만나기 때문에 결과가 빠르게 나오는 편이다. 단, 여기서 말하고자 하는 바는 개인영업은 프로세스 자체가 다소 빠르게 진행될 수 있다는 점이다. 개인영업이 쉽다고 말하는 것이 절대 아니다. 그렇기 때문에 나의 성향에 어떤 것이 더 잘 맞을 것인지 고민해보고 선택하는 것은 매우 중요한 일이다.

내게는 비교적 법인영업의 프로세스가 잘 맞는 편이다. 기업을 분석하고, 제안하고, 브리핑을 하고, 수정하고, 보완하고, 다시 시도해야 하는 어려움이 있지만, 다행스럽게도 나와는 맞는 방향이다. 법인영업의 컨설팅 영역도 매우 다양해서 무조건 다 계약이 더디 나오는 것은 아니지만, 개인영업에 비하면 보편적으로 계약으로 성사되기까지 시간이 더 소요되는 것은 맞다.

현재 운영하는 세일즈 조직은 개인영업을 기반으로 하여 법인영업을 병행하실 수 있는 프로세스로 정착 될 수 있도록 노력하고 있다. 둘 중에 더 맞는 방향으로 우선 시작 하면 되고, 둘 다 맞으면 둘 다 하면 되는 것이다. 목표한 일이 있다면 일정 시간이 지나고 내게 맞는 방향인지 아닌지 반드시 확인해보자.

모험에
도전하라

사람들은 새로운 일을 시작하거나 도전하려고 할 때 이를테면 이런 말을 한다. "된다는 보장만 있으면 내가 바로 하지." 그렇다면 반대로 생각해 보자. 된다는 보장만 있으면 누구나 하지 않겠는가? 성공이 보장된다고 하면 망설이는 사람도, 시작하지 않을 사람도 없을 것이다. 확실히 보장되지 않기 때문에 대부분 빠르게 도전하지 못하는 것이다.

마흔 즈음에 나는 사업에 실패했고, 연달아 코로나까지 덮치면서 인생이 바닥을 치며 내려갔다. 돌파구를 찾기 위해 처음 접하는 법인영업이라는, 생소한 분야에 뛰어들기로 결정했다. 최선을 다해 열심히 일했지만 결과도 상당히 늦게 나왔기 때문에 매우 불안했다. '더 늦기 전에 지금이라도 그만두어야 할까?' 매일 같이 고민했었다.

　법인영업은 기업에 필요한 컨설팅이나 솔루션을 제안하는 일이었고, 영업을 잘 하기 위해서는 공부해야 할 것이 너무 많았다. 1인 몇 역할을 해야 하는지 모를 지경이었다. 물론 자격증을 가진 자격사와 협업을 하더라도, 나는 컨설팅의 주된 제안자인 담당 컨설턴트로서 고객에게 가장 이상적이며 좋은 방안을 제안해야 한다. 그러기 위해서는 상호 의견교환이 매우 중요하다.

　법인영업을 하면서 때로는 노무사처럼, 혹은 변리사처럼, 또는 세무사처럼, 법무사처럼 1인 다역을 하며 기업에 필요한 니즈를 정확히 파악해 최상의 솔루션을 제안해야 했다. 그런데 나는 숫자에 둔감했고, 별로 계산적이지도 못한 편이었다. 하지만 이 일을 하면서 기업의 재무제표를 보고 고객의 스토리나 고민을 파악 할 수 있을 정도가 되었으니 감개무량하다.

　하고 싶은 일이 있거나 혹은 새로운 무언가를 하기로 결정했으면 그만 망설이고 일단 시작하자. 성공하는 사람과 그렇지 않은 사람의 가장 큰 차이는 별것이 아니다. 바로 생각한 것을 행동에 옮겼느냐 아니면 옮기지 않았느냐 그 차이뿐이다.

　어떠한 행동을 하기 전에 완벽하게 준비해야 안전하다

고 생각하는 사람은 결코 움직이지 못한다. 무엇보다도 일을 잘 해낼 수 있다는 자신감을 갖고 일단 시작하자. 지금 시작하고자 하는 새로운 일, 목표하는 일을 해낼 특별한 경쟁력이 나에게 있는지 미리 걱정할 필요가 없다. 왜냐하면 100% 확실한 것은 없기 때문이다. 일에서 뿐만 아니라 공부나 건강도 마찬가지이며, 늘 변수는 생기기 마련이다.

흔히 일을 잘한다고 하는 것은, 처음부터 완벽히 처리해 내는 것만을 의미하지 않는다. 어떤 일이든 처리 과정에서 문제가 발생하기 마련이다. 일 잘하는 사람은 이러한 상황에서 문제를 해결하고 일을 순조롭게 진행하는 능력을 발휘한다. 결국 모든 일에는 임기응변도 필요한 것이다. 그때그때 처한 상황에 맞추어 즉각 그 자리에서 결정하거나 처리할 수 있어야 한다.

"일머리"라는 단어를 들어본 적이 있지 않은가? 일머리란? 일하는 요령을 말한다. 상황을 빠르고 정확하게 파악하여 대처하는 능력을 말한다. IQ가 높다고 하여 무조건 다 일을 잘하는 것은 아니다.

비즈니스라는 게임은 매우 치열하다. 문제가 생겼을 때 문제를 즉시 해결해 내는 능력을 갖추어야 진정 일을 잘하는 것이다. 이러한 능력은 주도적인 자세로 일하는 과정에서 터득하기도 한다. 그러니 그만 걱정하고 실행해 옮겨

보자. 한때 광고에서 정말 많이 나왔던 말이다 "걱정이 없으면 걱정이 없겠네." 우리가 살면서 하는 걱정 가운데 대부분은 발생하지도 않을 것에 대한 쓸모없는 것이다. 걱정은 상황을 해결하는 데에 아무런 효과를 발휘하지 않는다. 걱정보다도 어느 정도의 모험을 감수하며 뛰어드는 실행력을 갖고 도전해보자.

남성들은 보편적으로 모험을 잘 감수한다. 어려서부터 "남자라면 남자니까 이런 건 해야지 또는 이 정도는 해야지" 같은 말을 많이 들으면서 자라온 영향도 있기 때문이다. 반면 여성은 "여자가 그러면 되나, 여자가 그러면 안 되지" 같은 말을 많이 들으면서 자랐다. 그래서 여성보다는 비교적 남성들이 더 모험적이고, 진취적인 성향이 더 많은 것으로 보여진다. 하지만 결국 모험을 감수하지 않으면 앞으로 나아갈 수가 없다. 안전을 추구하는 삶도 물론 좋겠지만, 커리어의 곡선이 우상향 하기를 원한다면 일정부분 모험을 감수하자.

만약 모험이나 위험을 감수하지 못하는 성향이라면 사업가나 리더가 되기는 더 어렵다. 사업이라는 것 자체가 반드시 리스크를 동반하기 때문이다. 그리고 리더의 자리는 늘 무언가를 도전하고 결정해야 하는 자리이기 때문에 안전을 추구하는 리더라고 한다면 고인물과 같이, 수동적인 태도를 취하게 되고, 절대 발전할 수 없게 된다.

하지만 모험은 늘 두려움을 동반한다. 두려움이 지속되지 않으려면 내가 새로 시작하고자 하는 일이나 도전하고자 하는 일에 관심을 가지면 된다. 주변을 파악하고 동향을 살피고, 놓치고 있거나 뒤처지고 있는 것은 없는지 살핀다. 그러면 막연히 두렵다는 생각으로 그 두려움이라는 물결에 휩쓸리지 않게 된다. 실수를 할 수도 있고, 실패를 경험할 수도 있겠지만 포기하지 않는다면 성공으로 향하는 과정의 길이 될 것이니 멈추지 말고 나아가자.

비즈니스라는 게임에서 안전지대는 없다. 그래서 무엇을 하고 있는지 파악하지 못한 채 뛰어드는 모험은 무모하다. 그런데 지금 목표가 분명하고 현재 나는 무엇을 하고 있는지 명확히 안다면, 추상에서 구체로 나아가는 도전이 된다. 그 과정에서 두려움 또한 성공으로 향해 가는 길의 일부이다. 실패는 성공의 어머니라는 유명한 말이 있지 않은가? 오늘의 실패를 내일의 성공을 향한 주춧돌로 삼으면 된다. 지금 확실히 보장되지 않았던 것 같은 일도 좋은 결과나 성공에 조금씩 가까워지면 확신으로 바뀌게 된다.

운이 따를 만큼
끈질겨져라

"아무 것도 하지 않으면 아무 일도 일어나지 않는다." 목표를 세우고 새로운 게임에 도전 중이라면 누구나 성공하고 싶어 한다. 성공을 하려면 이미 성공해본 사람을 찾아야 한다. 성공한 사람을 찾았다면 롤모델로 삼기 위해 꼭 만나야 할 필요는 없다. 물론 만날 수 있다면 좋겠지만, 현실적으로 쉬운 일은 아니기 때문이다. 요즘은 스마트폰 하나로도 롤모델을 찾아볼 수 있고, 서점에 가서도 책을 통해 롤모델을 찾을 수 있다. 내가 하고자 하는 게임에서 롤모델을 정하지 않았다는 것은 성공하고 싶지 않은 것이나 다름없다.

법인영업을 시작하고, 당시에 소속된 회사에서 멘토로 생각할 사람을 정하였다. 멘토의 기준은 두 가지였다. 첫 번째는 컨설팅의 컨셉이 내가 원하는 컨셉인가? 두 번째는 고액 연봉자인가? 시키는 대로만 한다면 최소한 그 사람만큼은 돈을 벌 것이고, 더 잘하게 된다면 더 많이 돈을 벌 것이라 생각했다.

마침 당시에 멘토로 정했던 분이 강사로 진행하는 교육이 있었는데 나는 그 교육을 빠짐없이 들었고, 해보라고 하는 대로 아바타처럼 행동했다. 내 생각이나 의견을 넣지 않고 시키는 대로 따라했다. 아무리 사회생활 경력이 길어도 지금 시작하고 있는 이 일에서 초보이기 때문에 시키는 대로 해야 한다고 생각했다. 그런데 문제가 발생했다. 계속해서 시키는 대로 하는데 결과가 잘 나오지 않았다. 도대체 어디까지 해야 할까? 오늘은 계약을 받는 걸까? 퇴근하면서 들어가는 길에 매일 같이 고민했었다. 이게 맞는 걸까? 혹시 안 되는 걸 나보고 해 보라는 것인가? 무모하게 느껴지는 시간을 버텨내는 것은 정말 힘든 일이었다. 그런데 보험업 경력도 없는 내가, 법인영업이라는 분야에 들어와서 비교적 짧은 시간에 결과를 내고 성공했다고 말 할 수 있게 된 것은 정말 열심히 한 것도 사실이지만, 운도 좋았던 것 같다. 전부가 내 실력만으로 된 것이라고 말할 수는 없다.

켈리 최 작가의 〈파리에서 도시락을 파는 여자〉에 보면 이런 글이 있다. "도움을 받는 유일한 방법은 도움을 청하는 것이다" 많은 사람들이 아는 것처럼 프랑스에서 초밥도시락을 시작하여 성공을 거두신 분이다. 그런데 요식업을 시작하기로 했지만 초밥은 만들 줄도 몰랐고 유통이나 판매에 대해서도 몰랐다고 한다. 그래서 그걸 해결할 방법은 부족한 부분을 채워줄 사람을 만나서 도움을 청하는 일이라고 생각했다고 한다.

알려진 일화처럼 세계 최고의 초밥을 만들기 위해 멘토로 한 분을 정했고, 일본으로 가서 야마모토 선생을 만나 끈질기게 설득하여 결국 도움을 받게 되었다고 한다. 나에게도 이러한 비슷한 경험이 있다. 법인영업을 하기 전에는 디자인관련 분야에서 강의를 하였는데, 모든 일이 그러하듯 신입에게는 기회가 잘 주어지지 않았다. 처음부터 경력자가 어디 있겠는가? 신입 시절이 있기 때문에 경력자가 되는 것이 아닌가? 하지만 사회는 매우 냉정하다.

이전 디자인업에서 초보 강사였을 때 강의 기회만 주어지면 잘 할 수 있을 것 같은데, 아무리 이력서를 내고 강의계획서를 제출해도 기회가 주어지지 않으니 너무 답답하였다. 그러던 어느 날 생각을 해보았다. 그럼 강사료를 안 받고 무료로 강의를 해준다고 하면 어떨까? 그래서 이력서와 강의계획서, 무엇을 강의할지를 정리한 포트폴리오를 들고 교육기관을 찾아 다녔다. 강의 담당자를 만나서 "이번 분기에 수강생 모집공고를 한 번만 내봐 주십시오. 강의 모집기준에 적합한 정원에 60% 이상이 되어 강의를 개강하게 되면 강사료 없이 무료로 강의를 하겠습니다."라고 말을 하였다. 그리고 "만약! 수강생이 미달이라면 폐강을 하면 되고, 개강을 하게 되면 강사료는 나가지 않게 되며, 수강료 수입은 생기니 기관 입장에서는 절대 손해되는 일이 아니라고 생각합니다. 그러니 강의를 한 번만 홍보를 해주시면 어떻겠습니까?"라고 제안을 하였다. 수강생 모집 기간이 끝나고 정원의 70%가 되어 그 강의는 개강을 하였다. 약속대로 강사료를 받지 않고, 3개월 동안 강의를 하였다. 다음 분기에는 몇 개의 교육기관에 똑같은 방법으로 제안을 하였고, 6개월이 지난 후쯤 현재 출강 중인 기관은 3개가 되었다.

그리고 얼마 뒤에 그 당시 출강했던 강의 분야가 취미활동으로 유용하다며, 나보다 더 오랜 경력의 다른 강사가 방송에 나오기 시작 하면서 빠르게 알려지기 시작했다. 이 후 많은 교육기관에서 취미강좌로 강의를 개설하고자 하였고, 나는 이미 신입이 아니고 강의를 하고 있는 경력이 있는 강사였기 때문에 이력서를 넣는 교육기관마다 합격했다.

지금 도움이 필요한 상황에 있다면 도움을 줄 수 있는 사람들을 나의 편이 될 수 있도록 만들어라. 그리고 끈질기게 버텨보자. 나의 실력은 향상되게 되고, 내게 운이 왔을 때 놓치지 않고 목표에 훨씬 빨리 이르게 될 것이다. 결국 운은 언제 올지 모르기 때문에 끈질기게 해내야 한다. 끈질긴 사람에게 운도 따른다!

데드라인을
정하라

목표를 정하거나 새로운 일을 시작하기로 했다면 언제까지 이룰 것인지에 대한 시간적인 목표도 같이 정하자. 대부분 목표를 정하고 난 이후 데드라인을 정하지 않는다. 이러한 행동은 자칫 목표를 이루는 것을 더 어렵게 만든다. 데드라인은 "제한시간, 마감시간, 정해진 기한, 또는 더 이상은 넘어갈 수 없는 최종적인 한계"라는 사전적 의미를 가지고 있다.

목표를 세우는 것부터도 쉽지 않은데, 목표를 세웠다고 하더라도 정해진 기간이 없다면 동기부여가 덜 되게 된다. 그리고 지금 목표를 향해 잘 나아가고 있는지 아닌지도 파악하기가 어렵다. 그러면 데드라인을 어떻게 정하면 좋을까? 우선 목표를 이루고자 하는 최종기한을 정하고, 그 안

에서 세분화 해 나가는 것이 좋다.

나는 법인영업을 시작하면서 1년이라는 데드라인을 정했다. 실제로 법인보험영업은 개인보험영업보다 결과가 나오는 데 시간이 많이 걸리는 편이다. 그래서 최소한 1년은 후회 없이 최선을 다해보고, 그럼에도 불구하고 결과가 나오지 않았다면 깔끔하게 그만할 각오로 임했다. 1년 동안 미친 듯이 전력을 다했는데 결과가 나오지 않는다면, 그건 이 업이 나랑 맞지 않거나, 아니면 돈을 벌기는 틀린 시장이라고 생각했다.

다음으로는 어떻게 해야 할까? 1년이 돌아오기를 기다리기만 하면 되겠는가? 1년은 다시 상반기 하반기로 나누고, 다시 분기로 나누고, 월별로 나누고, 주별로 나누고, 매일을 평가하고 체크 했다. 하루 일정에 맞게 평가목록을 만들도록 한다. TM은 하였는가? 몇 개를 하였는가? 미팅 약속은 잡았는가? 하루에는 몇 개를 잡았고, 일주일 동안 몇 개의 기업을 방문했는가? 방문을 하였는데 미팅이 이루어지지 않았는가? 그 횟수는 얼마나 되는가? 이러한 나만의 평가표를 만들고 평가를 한다. 동그라미인지, 세모인지, 엑스인지 체크를 하고 한 주를 마무리했다.

하루가 쌓이면, 한 주가 되고, 한주가 쌓이면 한 달이 되고, 한 달이 쌓이면 분기가 되고, 반년이 되고, 1년이 되는 것이다. 여기서 내가 세운 데드라인은 보험계약으로 성사되는 것을 말한다. 처음에 법인영업을 시작하고 3개월 만에 꽤 높은 금액인 3천만 원의 컨설팅 계약을 맺고, 수임수수료를 보험계약이 아닌 현금으로 받게 되었다. 그래서 법인영업은 생각보다 쉬운 일이라고 착각할 뻔 했다. 왜냐하면 예상보다 너무 빨리 고액 계약을 받았기 때문이다. 그렇다보니 보험계약으로도 쉽게 성사될 줄 알았다.

　그런데 진정 목표인 보험계약은 성사되기가 너무 어려웠다. 목표했던 데드라인이 거의 다 끝나가는 시점이 되고 있었다. 그래서 너무 초조했고, 8개월 차 되던 시점쯤에 그만해야겠다고 생각하기도 했다. 하지만 아직 목표한 데드라인이 4개월 정도 남은 상태였기 때문에 지금 그만두는 것은 맞지 않다고 생각하며, 끈질기게 버텨냈다.

　그리고는 정말 데드라인이 끝나기 직전인 11개월 차에 드디어 보험계약이 성사되었다. 무려 10개월 동안 보험계약으로는 무실적이었다. 1년 동안 무조건 몰입하고 버틸 거라는 생각이었기 때문에 모아둔 돈을 가지고 일을 시작했지만, 그래도 아르바이트를 하면서 버텼다.

　사업실패 이후로 한 번도 해보지 않았던 일들을 해봤다. 왜냐하면 코로나 펜데믹으로 인해 어디에서도 강의를 다시 시작하기가 어려웠고, 사람이 모이는 곳에서 할 수 있는 일은 거의 없었기 때문이다. 식당에서 설거지도 해봤고, 새벽에 우유배달도 해봤고, 택배 물류센터에서 분류작업도 해봤고, 마트에서 파트 타임으로도 일해 봤다. 빚이 있었고, 딸도 있었고, 먹고 살아야 했기 때문이다. 그렇게 일을 하면서도 새로운 일을 반드시 다시 시작할 것이라고 생각했기 때문에 조금씩 돈을 모아두었다. 그렇게 전업을 하고, 보험 세일즈에 들어오게 되었고, 법인영업을 시작하게 되었다.

하지만 법인영업을 시작하고도 결과는 더디게 나왔기 때문에, 평일 낮엔 일에 전념했고, 평일 저녁 시간이나 주말 시간을 이용하여 가능한 강의 아르바이트를 했다. 아르바이트를 하지 않는 시간에는 가망고객을 찾기 위해 자료를 정리하는 일을 종일하기도 했다. 평균 10시간 이상 최고 길었을 때는 15시간 이상했다. 더 힘들었던 것은 사업 실패 이후 생긴 불면증으로 숙면을 취할 수가 없었다. 워낙 이동이 많아 장거리 운전을 하다 보니 실제로 졸음운전을 했고, 위험한 순간도 많이 있었다.

이렇게 데드라인까지 버텼다. 말 그대로 버텼다는 것이 맞는 표현이다. 다행히도 시작하고 3개월 만에 현금수수료로 계약을 받았기 때문에, 그나마 버틸 수 있었다. 지금 새로운 목표를 세웠다면 반드시 데드라인을 같이 정하자. 그렇지 않고 시간만 보내면 허송세월을 보내게 된다. 내가 정한 시간 안에서 절대 후회하지 않을 만큼 매진해 보고 그렇게 하였는데도 원하는 결과를 얻을 수 없다면 그때 포기해도 늦지 않는다. 그러면 오히려 미련 없이 깔끔하게 결정을 할 수 있다.

나는 목표를 세우면 반드시 이루는 편이다. 특별하고 특출 나서 그런 것이 절대 아니다. 그럼 도대체 어떻게 이뤄내느냐고 사람들은 물어본다. 대답은 생각보다 심플하다. 왜냐하면 그냥 될 때까지 하기 때문이다. 그 이상도 그 이하도 없다. 대신에 내가 세운 목표가 일정 궤도에 도달할 때까지 먹고 자는 것 외에는 그 목표에 합당한 일만 한다. 여행? 사적 모임? 워라밸? 그런 것은 없다.

여기서 명심할 부분 한 가지가 있다. 될 때까지 계속하는 것은 매우 중요하다. 그런데 반드시 점검을 해야 한다. 계속 할 일인지? 아닌지? 평가를 하는 것이다. 버티는 것이 능사는 아니다. 버티고 끝까지 해야 할 일인지 아닌지 반드시 체크를 해보자. 체크 하는 방법은 간단하다.

내가 목표한 일이 성공했을 때 얻게 되는 결과를 예상해 보면 된다. 결과란 돈을 많이 벌게 되는 것일 수도 있고, 명예를 얻는 것일 수도 있다. 그 결과가 내가 원하는 결과이면 된다. 만약, 오늘 포기한 일을 하루만 더했다면 성공했을지도 모른다. 그러니 데드라인을 정하고 후회가 남지 않도록 최선을 다해보자. 그리고 너무 빨리 포기하지 말자.

할까? 말까?

"할까? 말까?"

망설여지는 일이 있다면 어떻게 결정하는 편인가? 많은 사람들이 이것을 두고 고민한다. 그러나 생각해보니 할 사람이라면 주변에 물어보지도 않는다. 진짜 할 사람이라면 그냥 한다. 나는 주로 하는 편에 속한다. 그럼 왜 우리는 고민을 하게 되는 것일까? 첫 번째는 아직 명확한 목표가 없기 때문이고, 두 번째는 내가 한 선택에 책임을 지는 것이 두렵기 때문이다. 결국 선택은 나의 몫이고 결과도 나의 몫이 된다.

"할까? 말까?"는 상황에 따라서 다르게 적용될 수 있다. 말을 할까? 말까? 할 때는 하지 않는 것이 좋고, 행동할까?

말까? 할 때는 하자는 말이다. 따지고 보면 정답은 없는 것이고, 단지 인생을 풀어나가는 방법이 존재하는 것 아니겠는가?

인생은 매일 매일 새로움의 연속이다. 누구에게나 하루 24시간이 주어지고, 24시간이 지나면 과거가 되고, 다시 오늘이 온다. 하루하루를 충실히 보낸 날이 많아질수록 나에게 결과로 나타나게 된다. 코로나 펜데믹 이후 지속적인 경기 침체로 인하여 많은 이들이 사는 게 팍팍해 졌다고 말한다. 그런데 이러한 와중에도 초고가 명품의 매출은 고성장을 하였다고 하니 아이러니 하지 않을 수 없다.

영업에서 어려움을 겪고 있는 대다수의 사람들은 경제가 어려워서라고 흔히들 말한다. 그런데 돌이켜보면 영업하기 좋았던 시절이라고 말하는 사람은 별로 없다. 경제는 늘 어려웠다고 말한다. 물론 거시적으로 환경의 영향은 무시할 수 없다. 그렇지만 그 영향이 나에게만 있는 것이 아니라는 말을 하는 것이다. 호황이면 호황인 대로, 불황이면 불황인 대로 어떻게든 내가 살아갈 방법을 모색해야 한다.

경제적 자유를 누리고 싶어 하는 사람이 매우 많다. 그런데 경제적 자유는 과연 얼마를 벌면 만족하게 되는 것일까? 각자의 기준이 다르니 뭐라고 정의할 수는 없다. 직장 생활을 하면서 차곡차곡 모아가며 갈 수도 있겠고, 그보다 빠르게 가길 원한다면 자본금도 들어가지 않고 내 몸 하나로 할 수 있는 영업만한 것이 없다.

지금 나아가고자 하는 목표가 있다면 망설이지 말고 행동해보자. 물론 성공할 수도 있고 실패 할 수도 있다. 그러나 실패했다고 하여 멈춘다면 실패로 끝나게 되는 것이지만, 다시 도전하면 그 실패는 과정이 된다. 인생은 성공과 실패로 나뉘는 것이 아니고, 성공과 과정으로 나뉜다.

김구 선생님께서 하신 말씀인데 좋아하는 말이 있다. "돈에 맞춰 일하면 직업이고, 돈을 넘어 일하면 소명이다. 직업으로 일하면 월급을 받고 소명으로 일하면 선물을 받는다"라는 말이다. 무엇을 하든지 수동적으로 끌려가면서 하는 일은 성공하기 어렵다. 능동적으로 내 삶의 주체가 되어 소명으로 일해보길 권한다.

이 책을 읽고 있는 여러분도 지금 목표한 일이 있을 것이다. 하지만 "할까? 말까?" 망설여 질 수 있다. 일단 시작해보라. 시작하면 방법을 찾게 될 것이다.

"모든 영업인의 슬기로운 세일즈 라이프를 응원합니다. 와이즈 세일즈!"